Sigrid Braun

Spaß am Buchstabenlernen mit Lena und Xi

Aktives, kreatives und motivierendes Buchstabenerleben mit allen Sinnen, Begeisterung und Freude für Vorschulkinder

Illustrationen von Uwe Herrmann

Ökotopia Verlag, Münster

Impressum

Autorin Sigrid Braun

Illustrator Uwe Herrmann

Satz art applied • Hennes Wegmann, Münster

ISBN 978-3-86702-093-0

1 2 3 4 5 6 7 8 9 10 • 17 16 15 14 13 12 11 10 09

Dank

Herzlich danken möchte ich allen, die mich bei der Entwicklung des Konzeptes ermutigt und beraten haben, besonders den Erzieherinnen des kommunalen Kindergartens „Pusteblume" (Mittelbrunn) und des Kindergartens „Sonnenstraße", (Landstuhl-Atzel), insbesondere Frau Carina Willems (Fotos). Ganz besonderer Dank gilt allen Kindern, die bei der Erprobung des neuen Konzeptes begeistert mitgemacht haben, sowie deren Eltern für die Erlaubnis, die dort gemachten Fotos verwenden zu dürfen.

Sigrid Braun

Inhalt

Einleitung

Kinder wollen Buchstaben lernen!
Kinder sind meistens schon vor Schuleintritt neugierig auf Buchstaben. Sie wollen z. B. den eigenen Namen nachschreiben (malen), entdecken den eigenen Anlautbuchstaben auf einem Plakat (in der Zeitung ...) und erkennen, dass der Name eines anderen Kindes mit dem gleichen Buchstaben anfängt ... –
Diese Neugierde will gefüttert werden!

Für Maria Montessori (⇨ Literatur) war es selbstverständlich, dass Kinder im Kindergartenalter Buchstaben lernen, denn sie hatte beobachtet, dass Kinder in dieser Zeit besonders empfänglich für den neuen Lernschritt „Buchstaben" sind. Wenn Kinder in ihrer sogenannten „sensiblen Phase" Buchstaben lernen dürfen, fällt ihnen das spätere Lesen- und Schreibenlernen und damit der Übergang in die Schule leichter.

Mit **„Spaß am Buchstabenlernen mit Lena und Xi"** liegt ErzieherInnen ein spielerisches Angebot vor, das diese Phase optimal nutzen hilft und Kinder bei ihrer Begegnung mit den Buchstaben unterstützt. „Mit allen Sinnen lernen" heißt, dass die Kinder jeden Buchstaben erleben: Durch die intensive Beschäftigung mit den einzelnen Lauten wird eine tiefe, elementare Wahrnehmung der deutschen Sprache – einschließlich der phonologischen Bewusstheit – gefördert.
Beim „Erlebnisorientierten Buchstabenlernen" (EoB) geht es um die Verknüpfung eines Lautes mit dem jeweiligen Buchstaben, verbunden mit Sinn und eigenem Erleben. Die Kinder erleben den Laut bzw. Buchstaben, drücken ihn mit Mimik, Gestik, Bewegung aus, sind aktiv, hören, sehen, schmecken, riechen, tasten, gestalten kreativ, denken, sprechen, singen und schreiben. Ziel ist das Kennenlernen von Buchstaben und die Erweiterung der metasprachlichen Kompetenzen, nicht das Lesen- und Schreibenlernen.

Die moderne Hirnforschung belegt, dass Lerninhalte, die mit Emotion, Bewegung und Tätigkeit verknüpft sind, mit mehreren Sinneskanälen aufgenommen werden sowie in einem für den Lernenden sinnvollen Kontext stehen, leichter und nachhaltiger gelernt werden. Diese Erkenntnisse werden in der hier vorgestellten Kombinations-Methode umgesetzt. Die Kinder lernen die Buchstaben in einem sinnvollen und motivierenden Zusammenhang kennen:

- Über die **Geschichte** von Lena und Xi
  Das Besondere an der Geschichte ist, dass fast jeder Buchstabe des deutschen Alphabets auf je einer Seite eine wichtige Rolle innerhalb einer geschlossenen Basis-Erzählung spielt. Die Laute/Buchstaben sind sinnvoll mit passenden Gefühlen und spontanen (Laut-) Äußerungen, manchmal auch mit Lautmalereien verknüpft.
  Das Besondere an den Bildern ist, dass sie auf das Wesentliche konzentriert sind und dadurch allen Kindern das Verständnis erleichtern. Die ausdrucksstarken und modernen Bilder sprechen Kinder auf ihrer elementaren Gefühlsebene an und erhöhen zusätzlich die Motivation, sich mit Buchstaben zu beschäftigen.

- Über die **Anlautmethode**
  Für jeden Buchstaben der Geschichte gibt es eine weitere Seite (auch als Kopiervorlage) mit drei Anlauten und entsprechenden Bildern dazu. Die Kinder „lesen", indem sie das nebenstehende Bild benennen. Sie erkennen, dass alle Wörter auf der Seite mit dem gleichen Anlaut beginnen und werden angeregt, nach weiteren Worten mit diesem Anlaut zu suchen. Bei Kindern mit Migrationshintergrund wird der Wortschatz erweitert und gesichert.

- Über **Erlebnisse**
  Besonderen Spaß und Freude haben die Kinder nach dem Vorlesen der Geschichte an den kleinen Aktionen, in denen sie den jeweiligen Laut/Buchstaben **selbst erleben**. Sie werden z. B. beim Buchstaben „A" vor ein kleines Problem gestellt. Wenn ihnen eine Lösung einfällt, sprechen sie (erfreut über die Idee) „A" und führen die Lösung anschließend durch. Beim „M" probieren die Kinder etwas Leckeres und sprechen genießerisch: „M"...
  Das Erleben ermöglicht eine intensive, basale und differenzierte Wahrnehmung der einzelnen Laute, die phonologische Bewusstheit wird gefördert. Die Kinder werden aktiv. Sie verbinden die Buchstaben mit Gefühl, Mimik, Gestik und Lautgebärde.

- Über vielseitiges **Begleitmaterial**:
  - Fühlbuchstaben zum Ertasten der Buchstaben
  - Ein Lied, das die Geschichte lerntheoretisch und praktisch widerspiegelt.
  - Musik, die im Hintergrund das Tun der Kinder begleitet.

- Über **das selbstgemachte Buchstabenbuch**
  - Die Kinder erhalten zu jedem Buchstaben die entsprechende Bildseite als Umrisszeichnung, die sie selbst farbig ausgestalten können.
  - Jeder Buchstabe wird auf einer Seite als Hohlbuchstabe (Groß- und Kleinbuchstabe) gezeigt, den die Kinder mit verschiedenen Farben schreiben.
  - Die Kinder erhalten jeweils die Kopie der Anlautseiten mit Umrisszeichnungen. Sie ergänzen die Seite, indem sie kreativ einen selbst ausgedachten Anlaut in einem dafür vorgesehenen Rahmen gestalten (Bild malen, einkleben ...).

Der Ablauf des EoB im Kindergarten kann flexibel gestaltet werden. Die einzelnen Bausteine können sowohl variabel (angepasst an die jeweiligen Bedürfnisse) als auch in immer gleicher Reihenfolge durchgeführt werden. Sie können als spezielles Angebot für Vorschulkinder in einem besonderen Raum oder ohne großen Aufwand im Gruppenalltag integriert werden.
Das Buch wurde geschrieben für alle (Vorschul-) Kinder, die Buchstaben lernen wollen, und alle ErzieherInnen/pädagogisch Tätige, die Sprachförderung und frühkindliche Bildung mit Spaß und Freude verknüpfen.

Sigrid Braun

Die Geschichte von Lena und Xi

Illustrationen von Uwe Herrmann

Lena ist im Kindergarten. Sie sitzt draußen allein in ihrem Versteck und hat Hunger.
„**A**!“ Lena fällt etwas ein: „In meiner Jacke ist ein Stück Schokolade.“

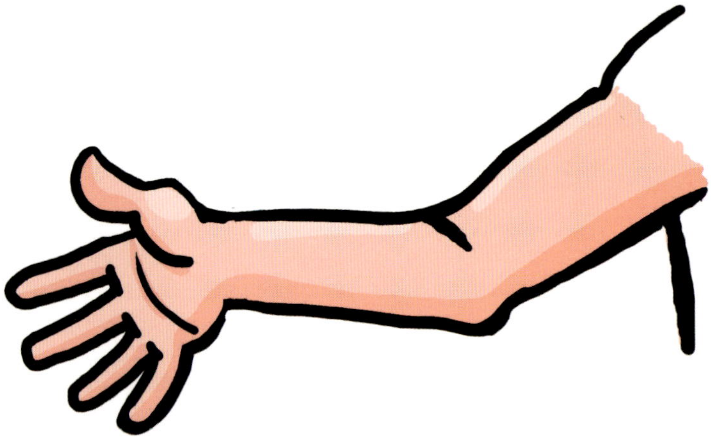

Arm

Ast

Affe

M m

„M" – Die Schokolade schmeckt gut.
Lena freut sich auf den Nachmittag.
Es gibt Torte. Mama hat heute Geburtstag.

Mama

Mund

Mond

„O, ich hab was vergessen!“ Lena fällt ein, dass sie heute Morgen nicht gratuliert hat. „Jetzt ist Mama bestimmt traurig“, denkt sie betrübt.

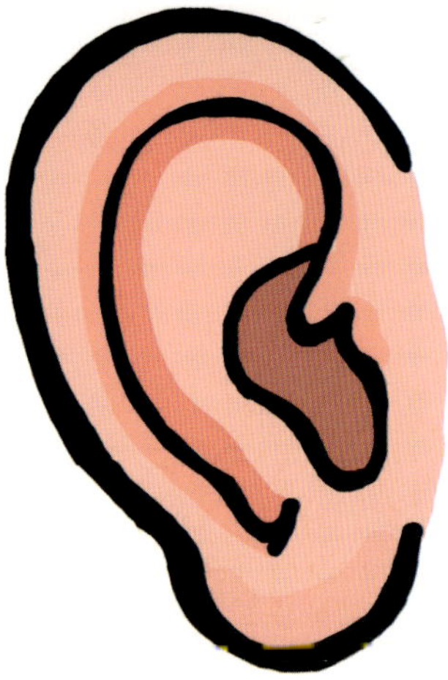

Ohr

Oma

Opa

„U“, macht es plötzlich.
Ein kleiner Geist kommt zu Lena ins Versteck.
„U“, macht der Geist noch einmal mit unheimlicher, dunkler Stimme.

Uhr

Unfall

Unterhose

Lena erkennt die Turnschuhe des Geistes.
Es ist ihr Freund Xi.
Sie will ihn erschrecken und macht: „**W**“

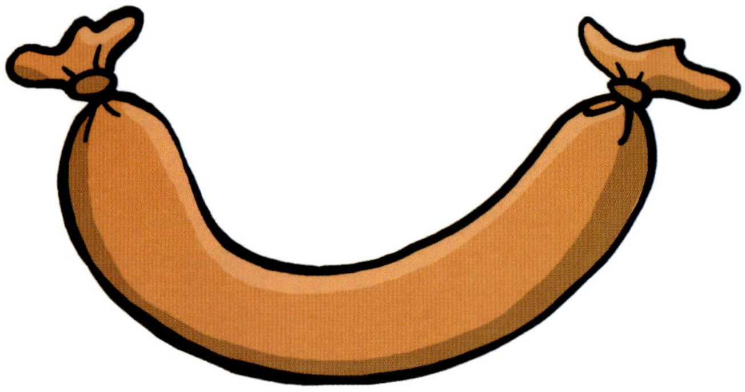

Wurst

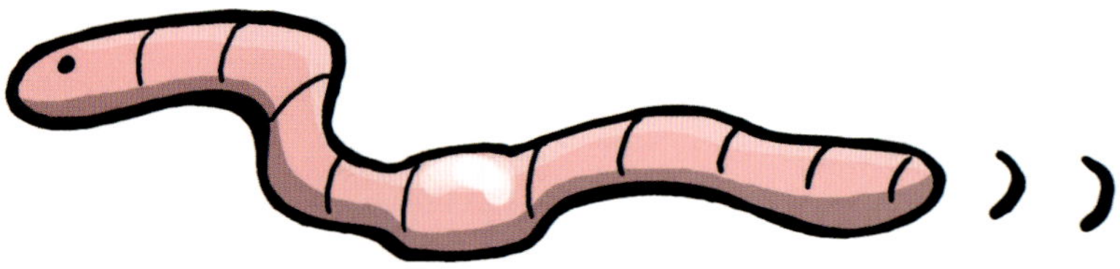

Wurm

Wasser

Der Geist zieht schnell sein Tuch herunter.
„Ich habe mich überhaupt nicht erschreckt“, behauptet er. „Hast du doch“, antwortet Lena.
„**P**“, macht Xi, „ist mir doch egal!“

Papa

Papagei

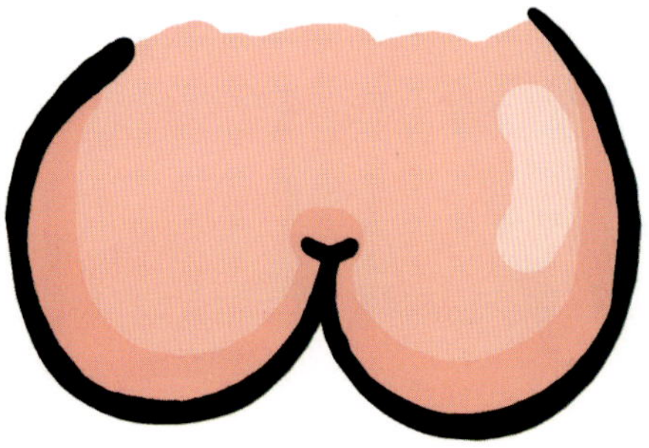

Popo

Xi fragt: „Was machst du hier im Versteck?“ „Ich bin unglücklich“, antwortet Lena. „Ich habe heute Morgen Mamas Geburtstag vergessen. Jetzt will ich ihr gratulieren gehen, damit sie sich freut. Kommst du mit mir ins Büro, wo sie arbeitet?“ „**J**“, sagt Xi und streckt den Daumen hoch. Das bedeutet: „Ja!“

Junge

Jacke

Jäger

N n

„Sollen wir Frau Müller fragen, ob wir gehen dürfen?“ Lena denkt nach.
Sie hält den Zeigefinger an die Nase.
„**N**“, brummt sie, „nein.“

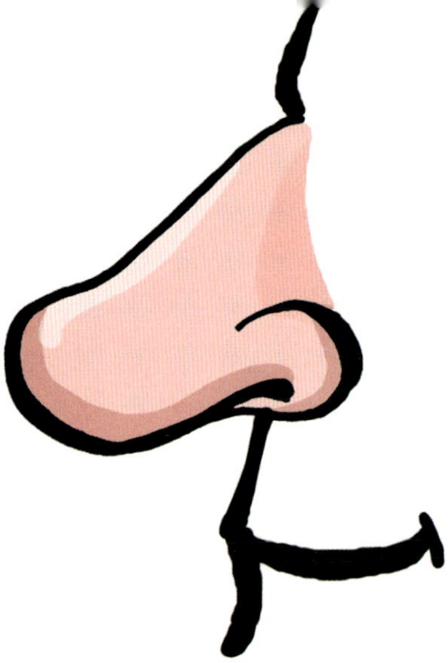

Nase

Nuss

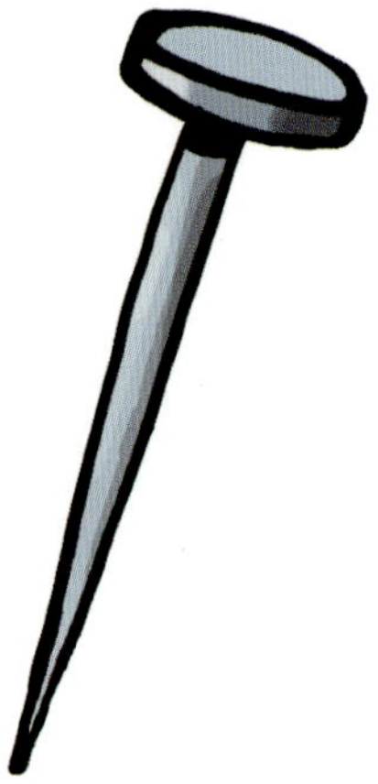

Nagel

Leise schleichen Lena und Xi zum Zaun.
K – knackt ein Zweig.
„Komm schnell weiter“, flüstert Xi.
Sie klettern über den Zaun.

Kopf

Kuss

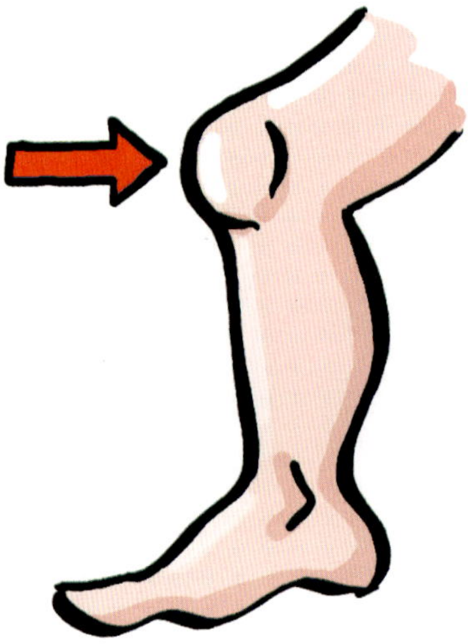

Knie

Auf der Straße ist es laut. Bald laufen sie über eine Brücke.
„**T**", Xi spuckt ins Wasser und sagt:
„Meine Spucke fließt bis ins Meer."
„**T**", Lena spuckt auch ins Wasser:
„Meine Spucke fließt jetzt auch ins Meer."

Tür

Tor

Tisch

Au au

Lena und Xi gehen weiter.
Plötzlich rutscht Lena aus und fällt hin.
„Au“, jammert sie.

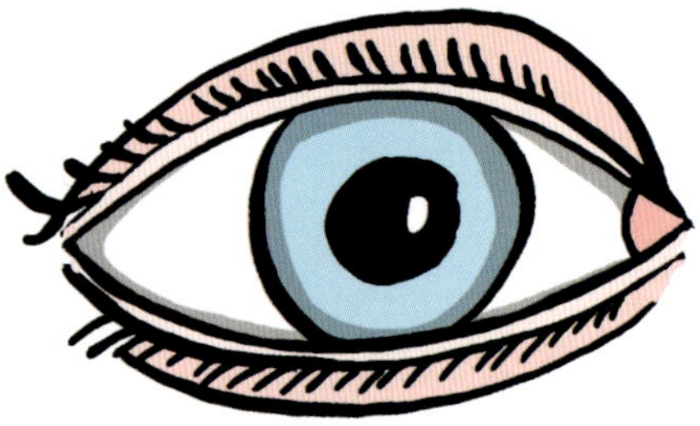

Auge

Auto

Aufzug

Lena steht auf. Sie entdeckt Hundedreck an ihrem Schuh. Sie ekelt sich: „I!“ In einer Pfütze wird der Schuh wieder sauber.

Ich

Igel

Indianer

Xi fragt: „Wo ist das Büro von deiner Mama? Wie weit ist es noch?“ Lena weiß es nicht und schaut sich um. Plötzlich zeigt sie mit dem Finger auf ein großes, gelbes Haus. „**D**“, ruft sie aufgeregt, „da ist das Bürohaus von Mama!“

Du

Dose

Dach

E e

Lena und Xi gehen in das Haus. Neben dem Eingang sitzt eine Frau hinter einem Glasfenster. Die Kinder wollen vorbeigehen.
„E!", ruft die Frau. „E – ihr dürft hier nicht rein!"

Elefant

Erdbeere

Ente

H h

„Ich muss meiner Mama etwas ganz Wichtiges sagen“, erklärt Lena der Frau hinter dem Glasfenster. Die Frau fragt: „**H** – was hast du gesagt?“ „Ich muss meiner Mama etwas ganz Wichtiges sagen“, wiederholt Lena lauter. „Ach so, deine Mama arbeitet hier“, sagt die Frau und lässt die Kinder durch.

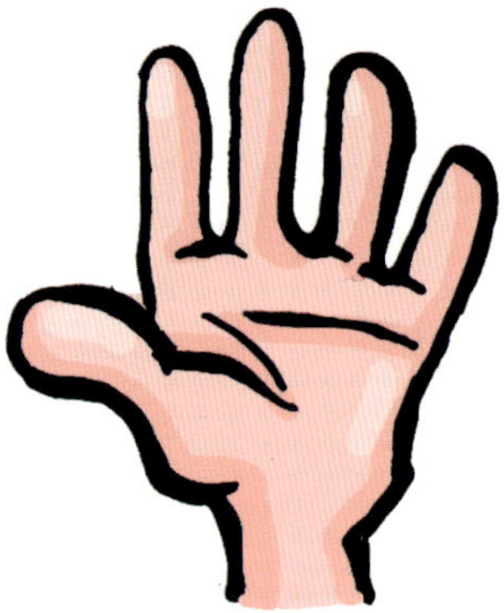

Hand

Haus

Hund

Lena und Xi gehen zum Aufzug. Lena drückt auf den Knopf neben der 4.
Da macht es plötzlich: „**S** ...“
Was ist das? Ist der Aufzug kaputt? Nein, es ist zum Glück nur eine dicke Fliege.

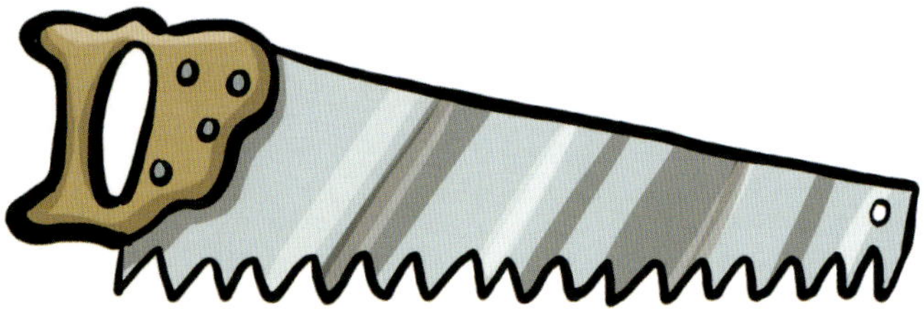

Säge

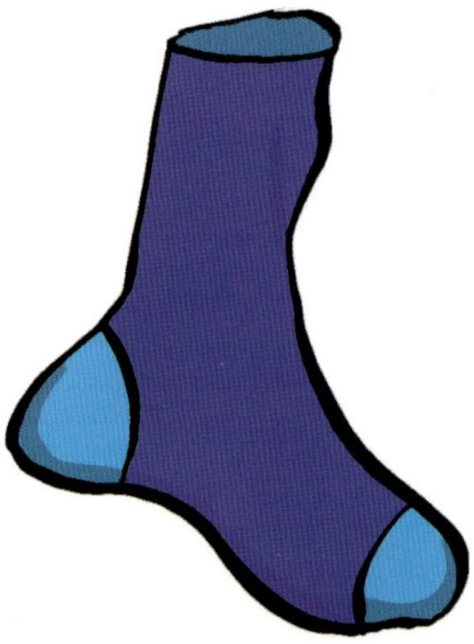

Socke

Sonne

Ei ei

Im 4. Stock steigen die Kinder aus. Sie sehen lange Gänge. Es ist dunkel, denn alle Türen sind zu. Lena blickt sich ängstlich um: „Welche Tür davon ist Mamas Tür?"
Xi streicht ihr tröstend über das Gesicht:
„**Ei**– wir werden deine Mama bestimmt finden."

Ei

Eis

Eins

„Ich hab's!", ruft Lena. „An der Tür von Mamas Zimmer ist ein kleiner blauer Fleck." Die Kinder schauen sich alle Türen genau an. Erst die letzte Tür ist die richtige! Lena holt tief Luft und bläst sie erleichtert aus: „**F** ..."

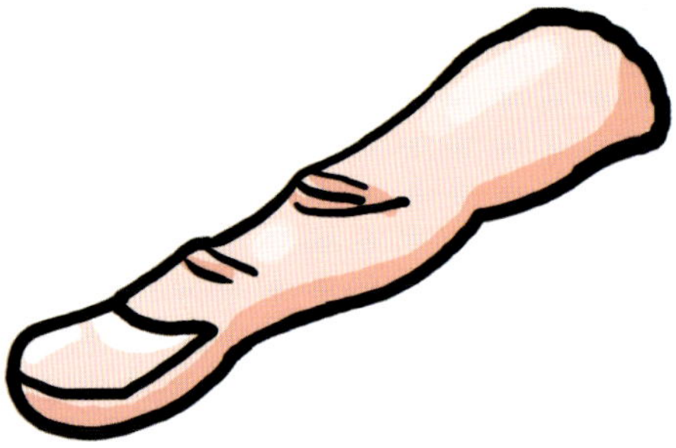

Finger

Fuß

Fisch

B b

Lenas Mama ist nicht da, aber Frau Becker. Sie weiß, wo Mama ist: „Eure Erzieherin hat hier angerufen, weil ihr verschwunden seid. Deine Mama ist in den Kindergarten gerannt. Alle machen sich Sorgen und suchen euch.“ Daran haben die Kinder nicht gedacht. Das haben sie nicht gewollt. Lena wird es plötzlich ganz kalt. „B“ – Sie hat Gänsehaut.

Bett

Ball

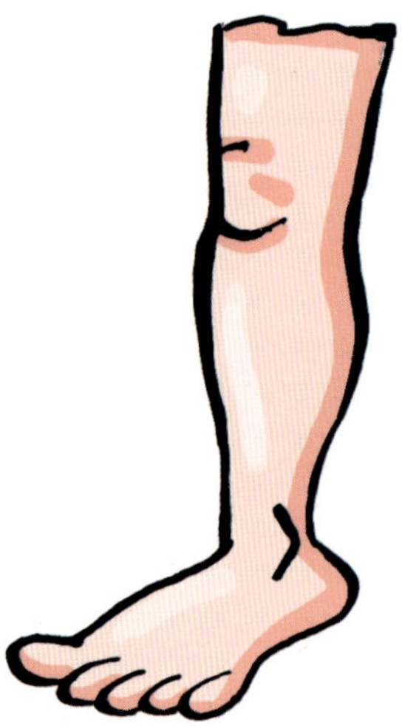

Bein

______

Frau Becker ruft im Kindergarten an und sagt Bescheid.
Xi hat Durst. Aber er traut sich nicht, das zu sagen. Heimlich macht er Lena ein Zeichen. Er tut so, als ob er trinken würde, und macht dabei: „**G**“

Gift

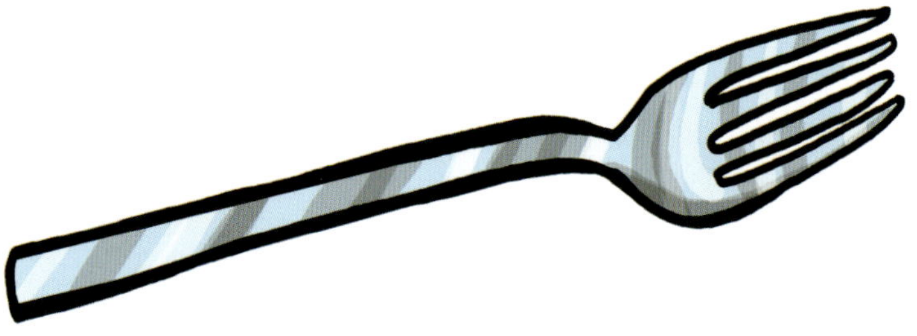

Gabel

Geschenk

Frau Becker hat das gesehen und sagt: „Wer etwas will, kann es mir ruhig sagen!“ Xi traut sich: „Ich habe Durst.“ Lena ruft schnell: „Ich auch.“ Mamas Kollegin holt eine Flasche Wasser und drei Gläser. „**Z**“, zischt es beim Öffnen der Flasche.

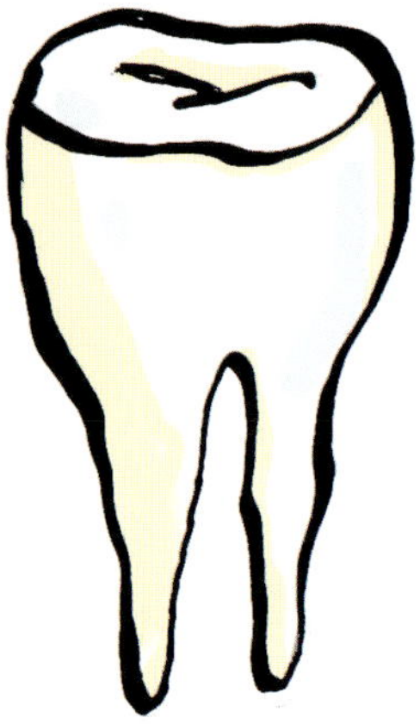

Zahn

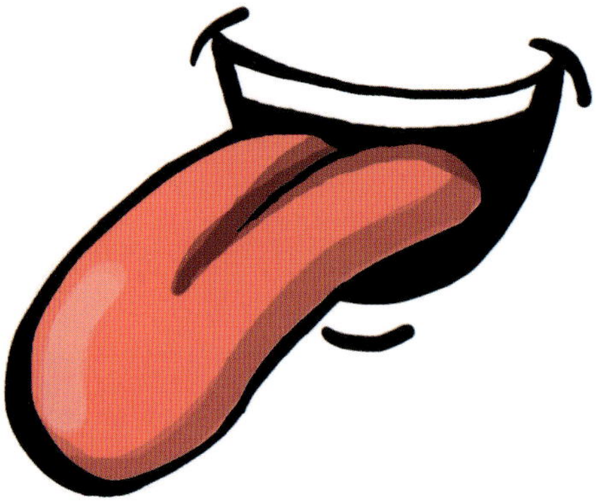

Zunge

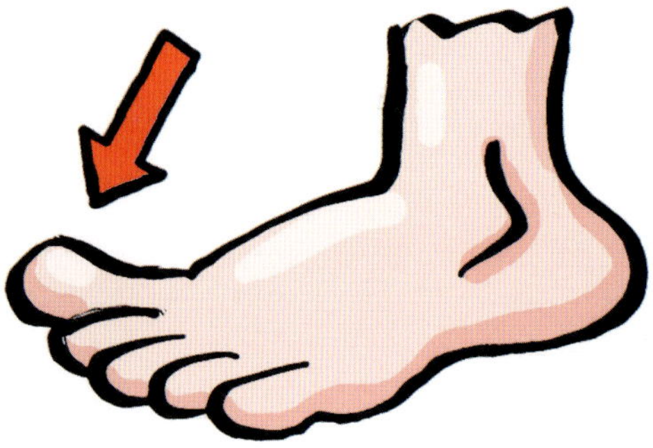

Zeh

Frau Becker und die Kinder unterhalten sich über Xis Heimatland China. Frau Becker fragt Xi: „Wieso kannst du das R so gut aussprechen?“ Xi zeigt stolz, wie er es gelernt hat. Er nimmt einen Schluck Wasser in den Mund und gurgelt: „**R**“
„Könnt ihr das auch?“ Lena und Frau Becker probieren es. Sie lachen und prusten. Es ist lustig.

Rock

Ring

Rad

Sch sch

Es klopft an der Tür. „**Sch**“, macht die Kollegin von Mama und ruft: „Herein!“
„Was ist denn hier los?“, fragt ein Mann streng. Frau Becker erklärt, warum die Kinder da sind.

Schuh

Schrank

Schwein

Ä ä

„Wir spielen, willst du mitmachen?“, fragt Lena.
„Ä“ – Der Mann weiß nicht, was er antworten soll.
„Ä“, machen auch Lena und Xi. „Ach, so geht das Spiel also“, lacht der Mann.

Ü ü

„Ü“, macht Xi vor und die anderen wiederholen im Chor: „Ü“

Ö ö

„Ö fehlt noch!“, ruft Mamas Kollegin.
„Ö“, wiederholen alle.

Ärmel

Überfall

Öl

Qu qu

„Das war leicht“, behauptet Xi, „aber wer von euch kann ‚Qu’ sagen?
‚Qu’ wie quabbelige Qualle.“
Alle probieren es: „**Qu**“

Quark

Qualm

Qualle

„Wie heißt ihr eigentlich?“, möchte der Mann wissen. „Ich bin Lena.“ „Ich heiße Xi. Zuhause wird das ‚Chi‘ ausgesprochen und bedeutet ‚Freude‘. Aber hier rufen mich alle Xi mit ‚X‘ am Anfang“, sagt der Junge und kreuzt dabei seine Zeigefinger. „Das gefällt mir genauso gut.“

Xi

Xylofon

Boxer ⚠

Ch ch

Da geht die Tür auf. Lenas Mama und Xis Papa kommen herein und nehmen froh ihre Kinder in die Arme. „Wir sind hergekommen, weil ich dir heute Morgen nicht gratuliert habe“, sagt Lena.
„Mein Geburtstag ist doch erst morgen!“, ruft Mama.
„Ach“, stöhnen Lena und Xi. Dann schauen sie sich an und alle lachen. „Komm, Lena“, sagt Lenas Mama. „Komm, Xi“, ruft auch Xis Papa. Sie gehen nach Hause. In dieser Nacht schläft Lena besonders gut: „**Ch** ...“

Chips

Kuchen ⚠

Chor

Eu eu

Am nächsten Morgen gratuliert Lena der Mama und gibt ihr einen dicken Geburtstagskuss. Lena schenkt ihrer Mama ein Bild. „**Eu**“, ruft Mama bewundernd, „du hast mir eine Eule gemalt! Danke Lena, ich freue mich!“

Eule

Euro

Beule ⚠

Am Nachmittag holt Mama Lena und Xi etwas früher aus dem Kindergarten ab.
Sie essen mit Papa, Oma und Opa Schokoladen-Geburtstagstorte und lauter leckere Sachen.
Lena ist glücklich. Sie singt: „**L**, **l**, **l**, **l** …“

Lena

Leiter

Luftballon

Sigrid Braun

Die Geschichte von Lena und Xi

Illustrationen von Uwe Herrmann

A a

Lena ist im Kindergarten. Sie sitzt draußen allein in ihrem Versteck und hat Hunger.
„**A**!“ Lena fällt etwas ein: „In meiner Jacke ist ein Stück Schokolade.“

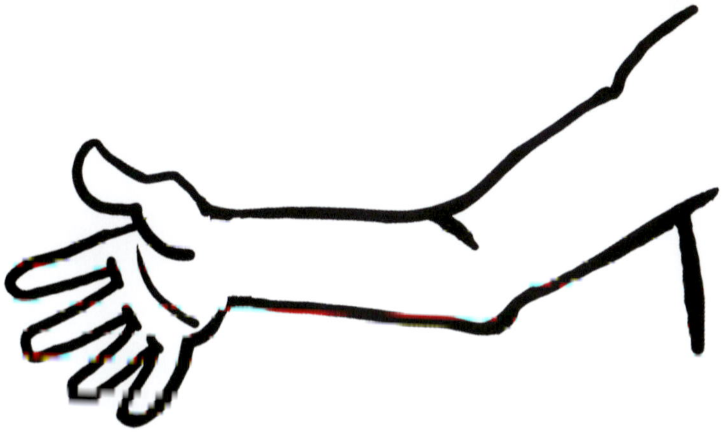

Arm

Ast

Affe

M m

„**M**“ – Die Schokolade schmeckt gut.
Lena freut sich auf den Nachmittag.
Es gibt Torte. Mama hat heute Geburtstag.

Mama

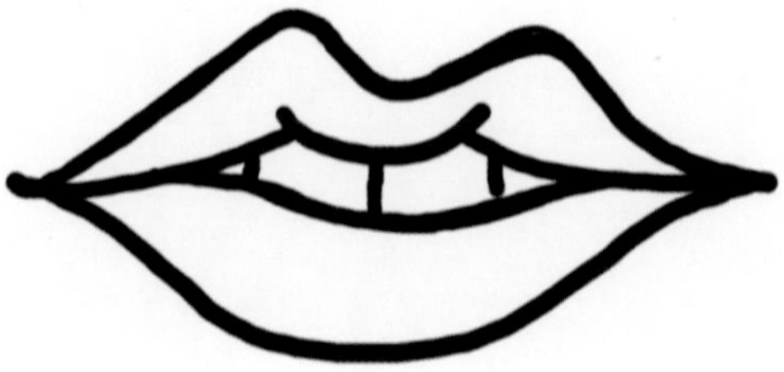

Mund

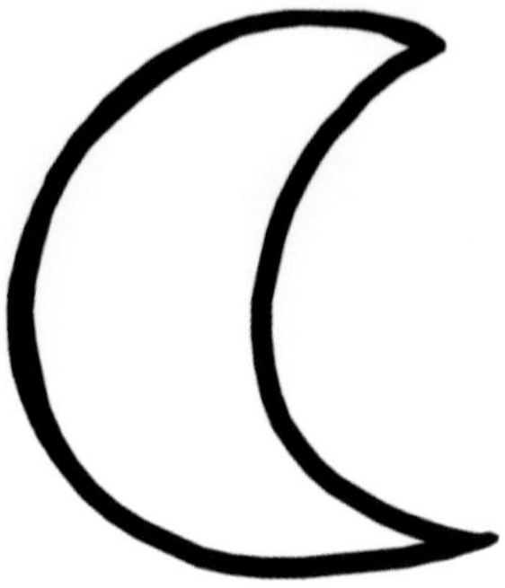

Mond

O o

„**O**, ich hab was vergessen!" Lena fällt ein, dass sie heute Morgen nicht gratuliert hat. „Jetzt ist Mama bestimmt traurig", denkt sie betrübt.

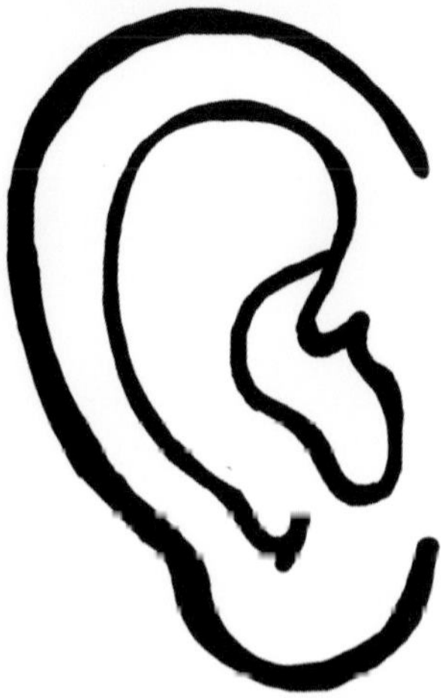

Ohr

Oma

Opa

U u

„U“, macht es plötzlich.
Ein kleiner Geist kommt zu Lena ins Versteck.
„U“, macht der Geist noch einmal mit
unheimlicher, dunkler Stimme.

Uhr

Unfall

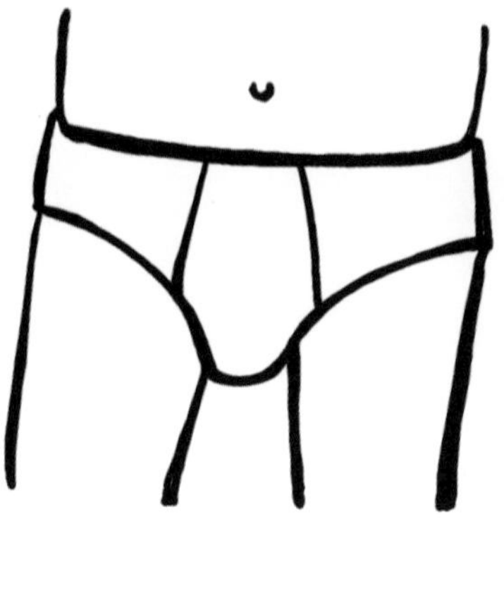

Unterhose

W w

Lena erkennt die Turnschuhe des Geistes.
Es ist ihr Freund Xi.
Sie will ihn erschrecken und macht: „W"

Wurst

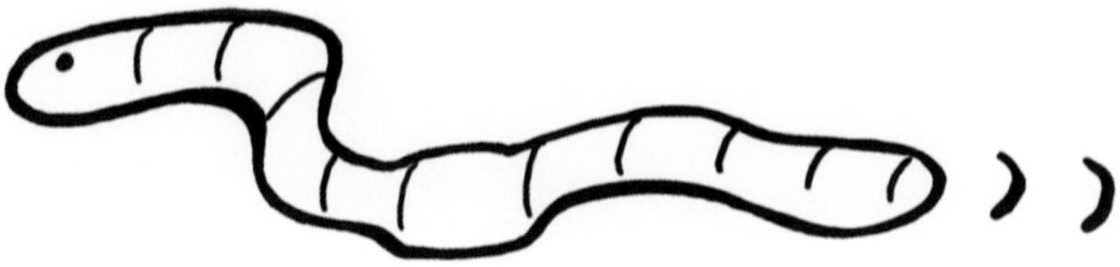

Wurm

Wasser

P p

Der Geist zieht schnell sein Tuch herunter.
„Ich habe mich überhaupt nicht erschreckt“, behauptet er. „Hast du doch“, antwortet Lena.
„**P**“, macht Xi, „ist mir doch egal!“

Papa

Papagei

Popo

J j

Xi fragt: „Was machst du hier im Versteck?“ „Ich bin unglücklich“, antwortet Lena. „Ich habe heute Morgen Mamas Geburtstag vergessen. Jetzt will ich ihr gratulieren gehen, damit sie sich freut. Kommst du mit mir ins Büro, wo sie arbeitet?“
„**J**“, sagt Xi und streckt den Daumen hoch.
Das bedeutet: „Ja!“

Junge

Jacke

Jäger

N n

„Sollen wir Frau Müller fragen, ob wir gehen dürfen?" Lena denkt nach.
Sie hält den Zeigefinger an die Nase.
„**N**", brummt sie, „nein."

Mama

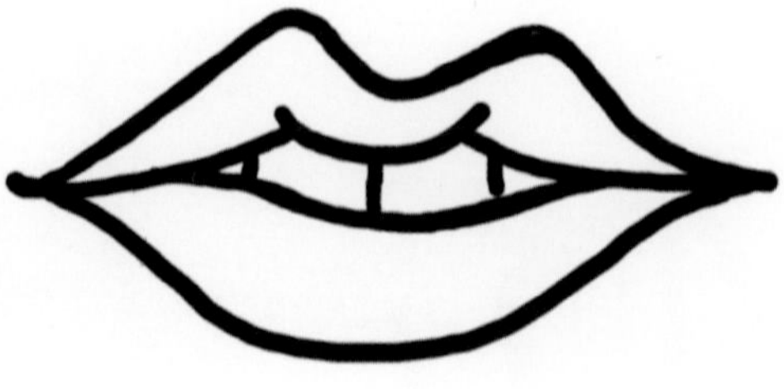

Mund

Mond

K k

Leise schleichen Lena und Xi zum Zaun.
K – knackt ein Zweig.
„Komm schnell weiter“, flüstert Xi.
Sie klettern über den Zaun.

Kopf

Kuss

Knie

T t

Auf der Straße ist es laut. Bald laufen sie über eine Brücke.
„T", Xi spuckt ins Wasser und sagt:
„Meine Spucke fließt bis ins Meer."
„T", Lena spuckt auch ins Wasser:
„Meine Spucke fließt jetzt auch ins Meer."

Tür

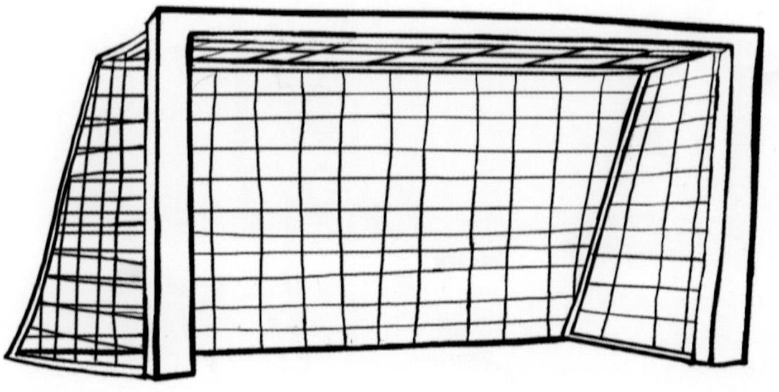

Tor

Tisch

Au au

Lena und Xi gehen weiter.
Plötzlich rutscht Lena aus und fällt hin.
„**Au**", jammert sie.

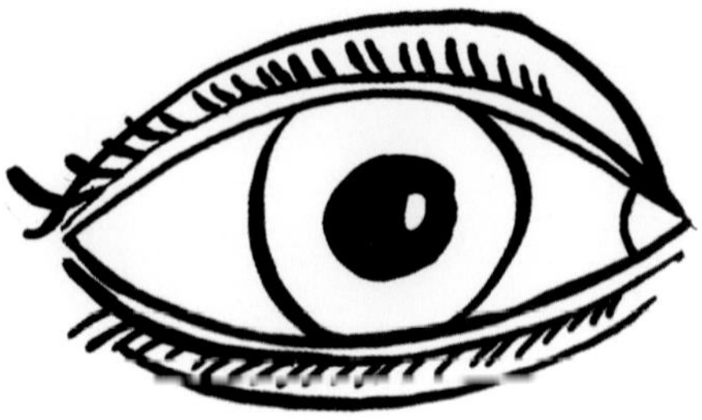

Auge

Auto

Aufzug

I i

Lena steht auf. Sie entdeckt Hundedreck
an ihrem Schuh. Sie ekelt sich: „I!“
In einer Pfütze wird der Schuh wieder sauber.

ich

Igel

Indianer

D d

Xi fragt: „Wo ist das Büro von deiner Mama? Wie weit ist es noch?“ Lena weiß es nicht und schaut sich um. Plötzlich zeigt sie mit dem Finger auf ein großes, gelbes Haus. „**D**“, ruft sie aufgeregt, „da ist das Bürohaus von Mama!“

Du

Dose

Dach

E e

Lena und Xi gehen in das Haus. Neben dem Eingang sitzt eine Frau hinter einem Glasfenster. Die Kinder wollen vorbeigehen.
„**E**!“, ruft die Frau. „**E** – ihr dürft hier nicht rein!“

Elefant

Erdbeere

Ente

H h

„Ich muss meiner Mama etwas ganz Wichtiges sagen“, erklärt Lena der Frau hinter dem Glasfenster. Die Frau fragt: „**H** – was hast du gesagt?“
„Ich muss meiner Mama etwas ganz Wichtiges sagen“, wiederholt Lena lauter. „Ach so, deine Mama arbeitet hier“, sagt die Frau und lässt die Kinder durch.

Hand

Haus

Hund

S s

Lena und Xi gehen zum Aufzug. Lena drückt auf den Knopf neben der 4.
Da macht es plötzlich: „**S** ...“
Was ist das? Ist der Aufzug kaputt? Nein, es ist zum Glück nur eine dicke Fliege.

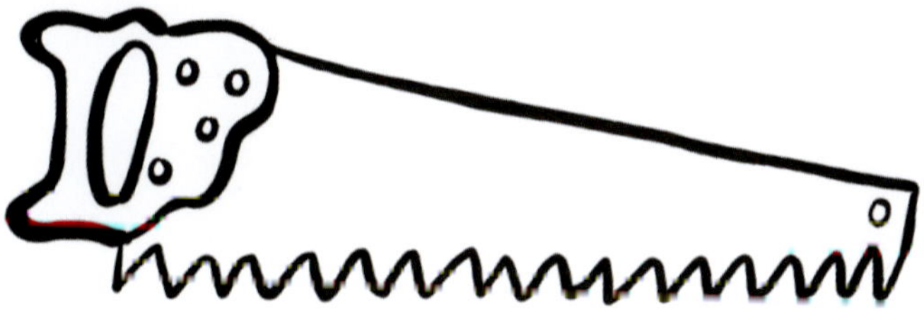

Säge

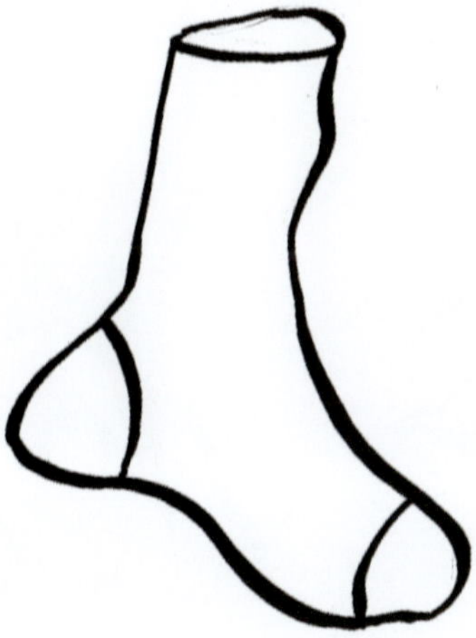

Socke

Sonne

Ei ei

Im 4. Stock steigen die Kinder aus. Sie sehen lange Gänge. Es ist dunkel, denn alle Türen sind zu. Lena blickt sich ängstlich um: „Welche Tür davon ist Mamas Tür?"

Xi streicht ihr tröstend über das Gesicht:

„**Ei**– wir werden deine Mama bestimmt finden."

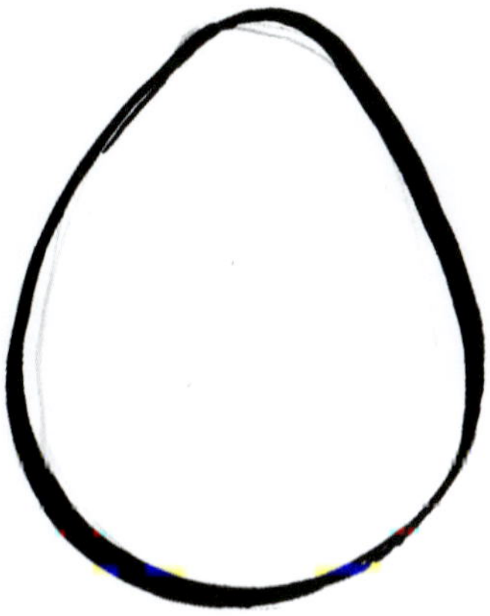

Ei

Eis

Eins

F f

„Ich hab's!“, ruft Lena. „An der Tür von Mamas Zimmer ist ein kleiner blauer Fleck.“ Die Kinder schauen sich alle Türen genau an. Erst die letzte Tür ist die richtige! Lena holt tief Luft und bläst sie erleichtert aus: „**F** ...“

Finger

Fuß

Fisch

B b

Lenas Mama ist nicht da, aber Frau Becker. Sie weiß, wo Mama ist: „Eure Erzieherin hat hier angerufen, weil ihr verschwunden seid. Deine Mama ist in den Kindergarten gerannt. Alle machen sich Sorgen und suchen euch." Daran haben die Kinder nicht gedacht. Das haben sie nicht gewollt. Lena wird es plötzlich ganz kalt. „**B**" – Sie hat Gänsehaut.

Bett

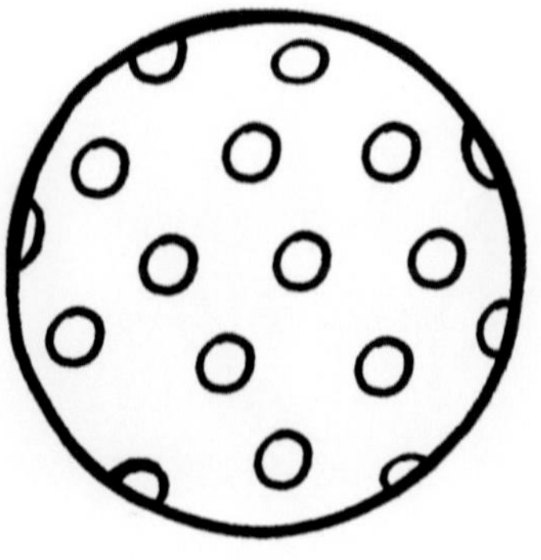

Ball

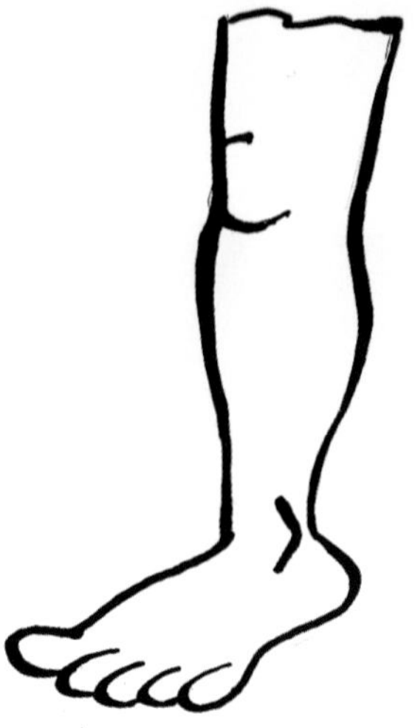

Bein

G g

Frau Becker ruft im Kindergarten an und sagt Bescheid.

Xi hat Durst. Aber er traut sich nicht, das zu sagen. Heimlich macht er Lena ein Zeichen. Er tut so, als ob er trinken würde, und macht dabei: „**G**“

Gift

Gabel

Geschenk

Frau Becker hat das gesehen und sagt: „Wer etwas will, kann es mir ruhig sagen!“ Xi traut sich: „Ich habe Durst.“ Lena ruft schnell: „Ich auch.“ Mamas Kollegin holt eine Flasche Wasser und drei Gläser. „**Z**“, zischt es beim Öffnen der Flasche.

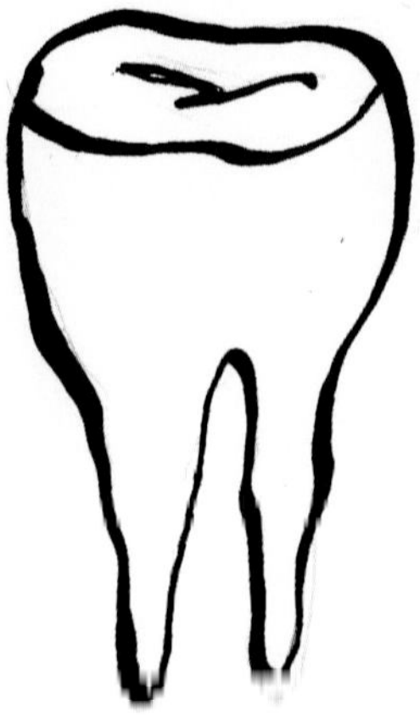

Zahn

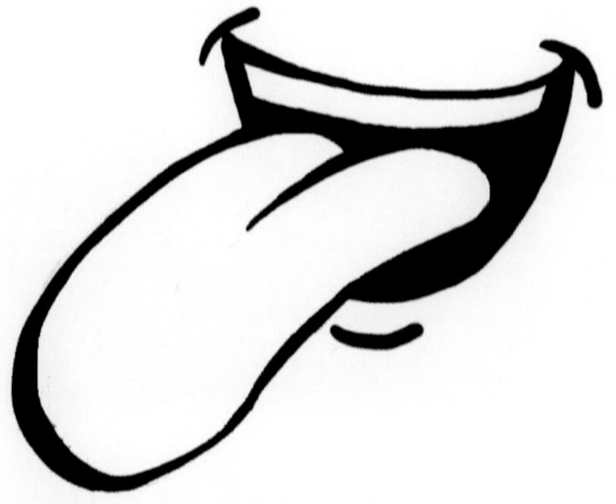

Zunge

Zeh

R r

Frau Becker und die Kinder unterhalten sich über Xis Heimatland China. Frau Becker fragt Xi: „Wieso kannst du das R so gut aussprechen?“ Xi zeigt stolz, wie er es gelernt hat. Er nimmt einen Schluck Wasser in den Mund und gurgelt: „**R**“
„Könnt ihr das auch?“ Lena und Frau Becker probieren es. Sie lachen und prusten. Es ist lustig.

Rock

Ring

Rad

SCH sch

Es klopft an der Tür. „**Sch**", macht die Kollegin von Mama und ruft: „Herein!" „Was ist denn hier los?", fragt ein Mann streng. Frau Becker erklärt, warum die Kinder da sind.

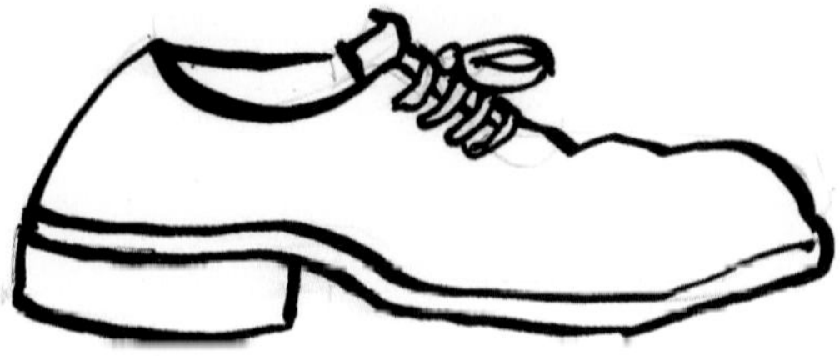

Schuh

Schrank

Schwein

Ä ä

„Wir spielen, willst du mitmachen?“, fragt Lena.
„Ä“ – Der Mann weiß nicht, was er antworten soll.
„Ä“, machen auch Lena und Xi. „Ach, so geht das Spiel also“, lacht der Mann.

Ü ü

„Ü“, macht Xi vor und die anderen wiederholen im Chor: „Ü“

Ö ö

„Ö fehlt noch!“, ruft Mamas Kollegin.
„Ö“, wiederholen alle.

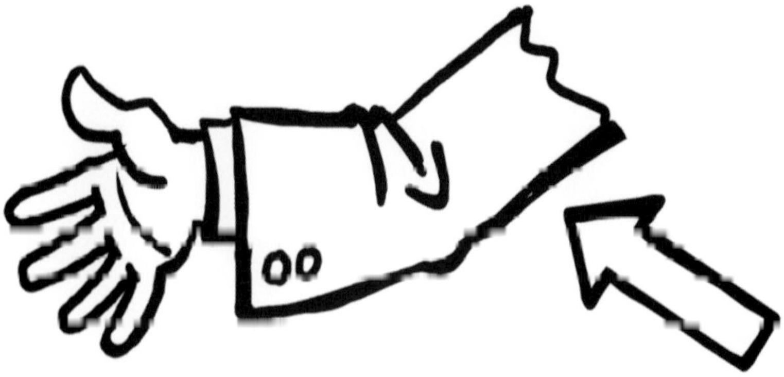

Ärmel

Überfall

Öl

Qu qu

„Das war leicht“, behauptet Xi, „aber wer von euch kann ‚Qu' sagen?
‚Qu' wie quabbelige Qualle.“
Alle probieren es: „**Qu**“

Quark

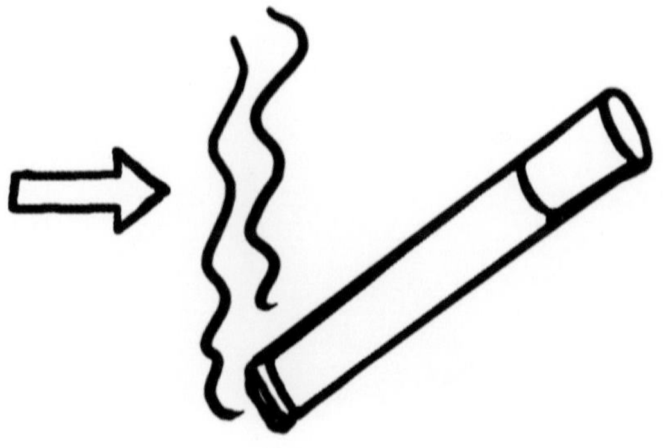

Qualm

Qualle

„Wie heißt ihr eigentlich?“, möchte der Mann wissen. „Ich bin Lena.“ „Ich heiße Xi. Zuhause wird das ‚Chi‘ ausgesprochen und bedeutet ‚Freude‘. Aber hier rufen mich alle Xi mit ‚X‘ am Anfang“, sagt der Junge und kreuzt dabei seine Zeigefinger. „Das gefällt mir genauso gut.“

Xi

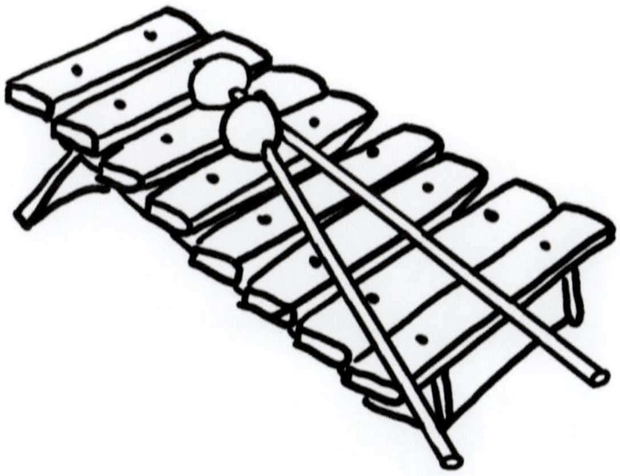

Xylofon

Boxer

Ch ch

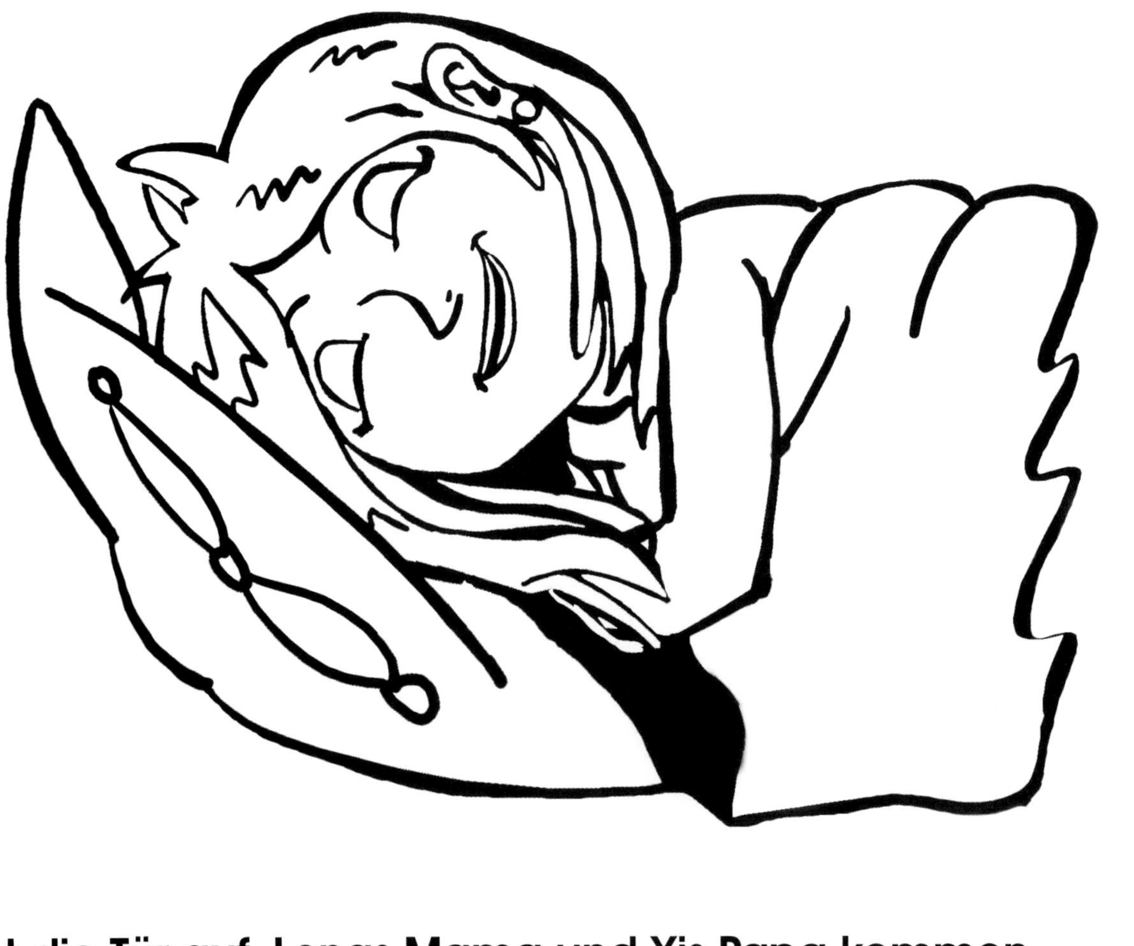

Da geht die Tür auf. Lenas Mama und Xis Papa kommen herein und nehmen froh ihre Kinder in die Arme.
„Wir sind hergekommen, weil ich dir heute Morgen nicht gratuliert habe“, sagt Lena.
„Mein Geburtstag ist doch erst morgen!“, ruft Mama.
„Ach“, stöhnen Lena und Xi. Dann schauen sie sich an und alle lachen. „Komm, Lena“, sagt Lenas Mama.
„Komm, Xi“, ruft auch Xis Papa. Sie gehen nach Hause.
In dieser Nacht schläft Lena besonders gut: „**Ch** ...“

Chips

Kuchen ⚠

Chor

Eu eu

Am nächsten Morgen gratuliert Lena der Mama und gibt ihr einen dicken Geburtstagskuss. Lena schenkt ihrer Mama ein Bild. „**Eu**", ruft Mama bewundernd, „du hast mir eine Eule gemalt! Danke Lena, ich freue mich!"

Eule

Euro

Beule 

L l

Am Nachmittag holt Mama Lena und Xi etwas früher aus dem Kindergarten ab.
Sie essen mit Papa, Oma und Opa Schokoladen-Geburtstagstorte und lauter leckere Sachen.
Lena ist glücklich. Sie singt: „**L, l, l, l** ...“

Lena

Leiter

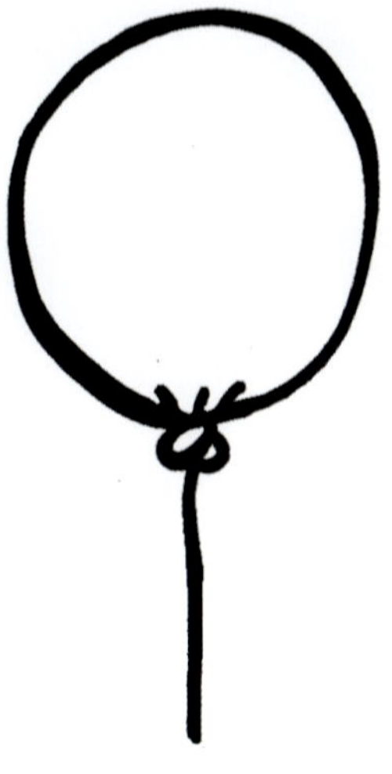

Luftballon

A a

HOHL-BUCHSTABEN

Z z

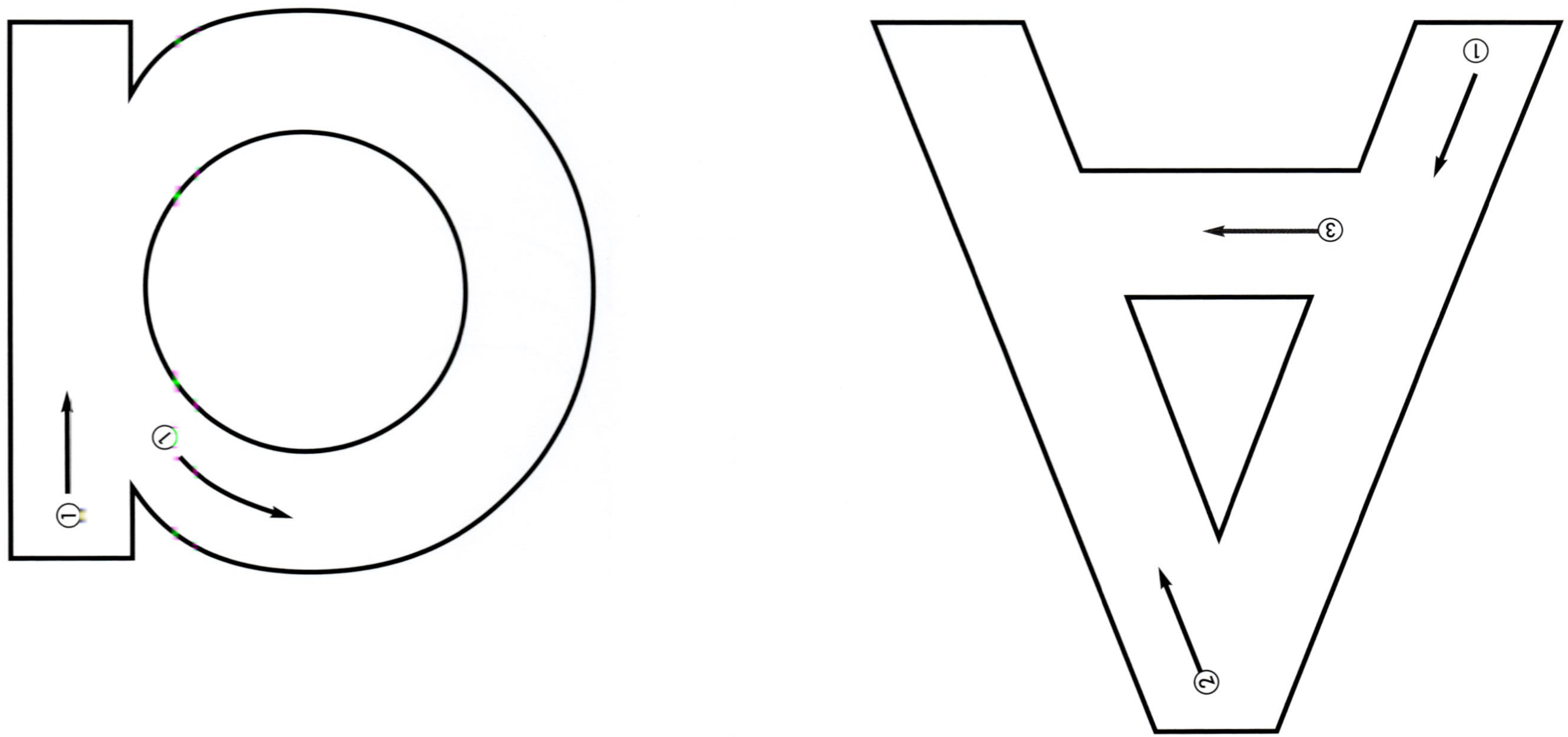

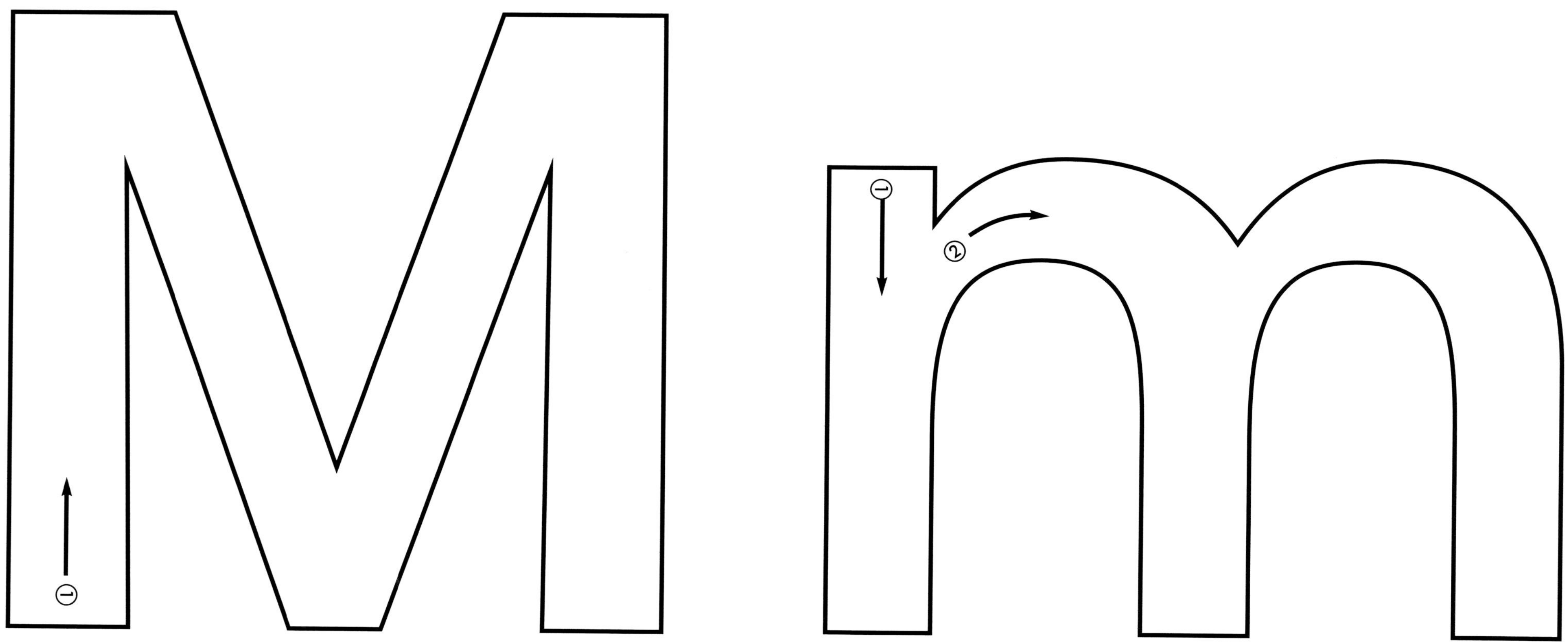

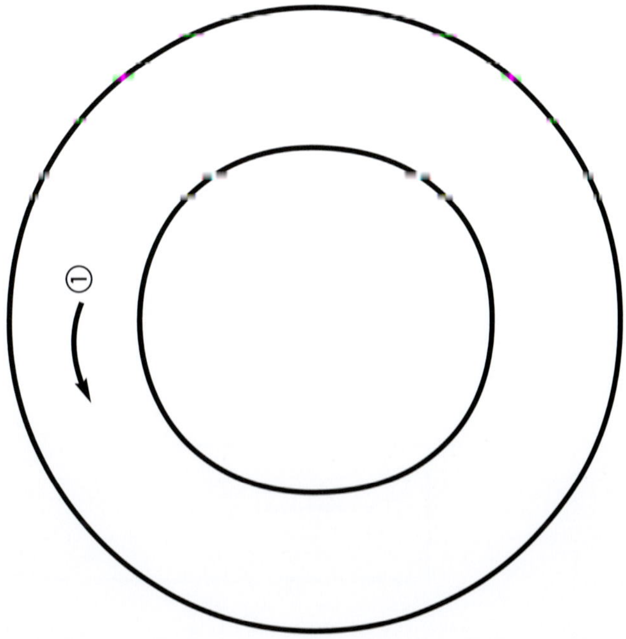
1

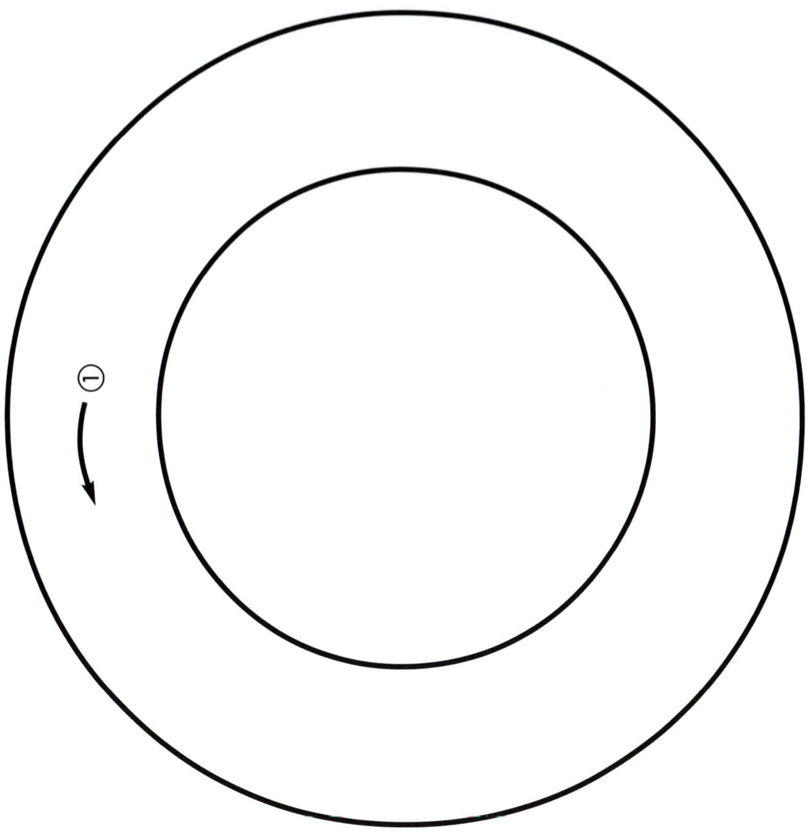
1

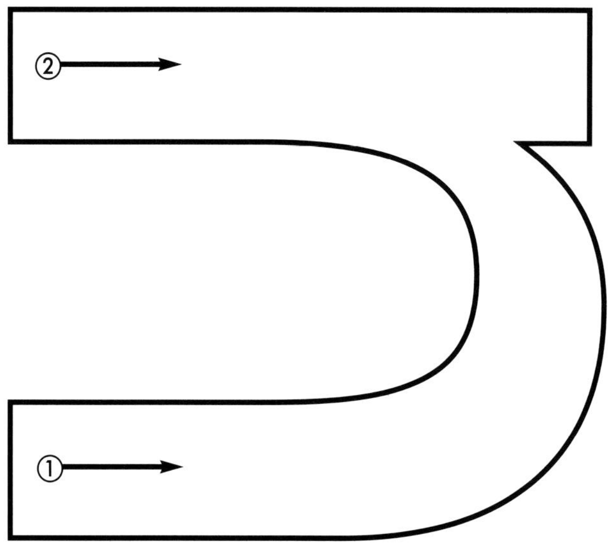
②
①

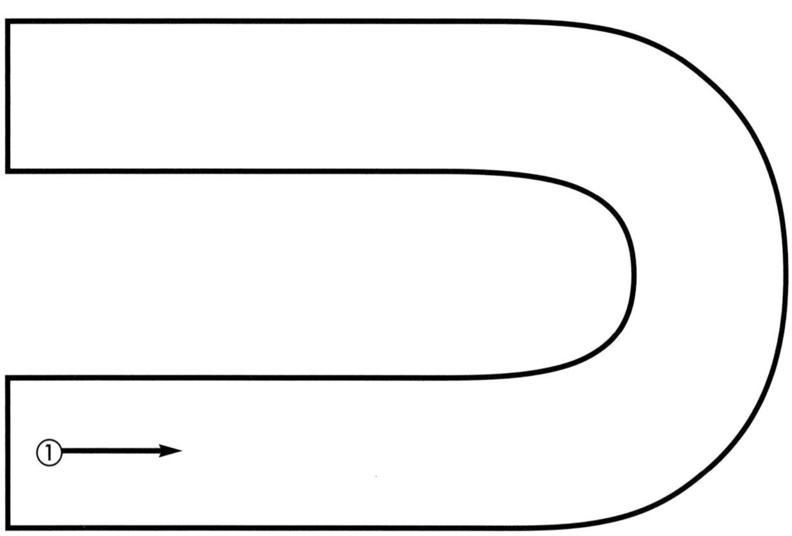
①

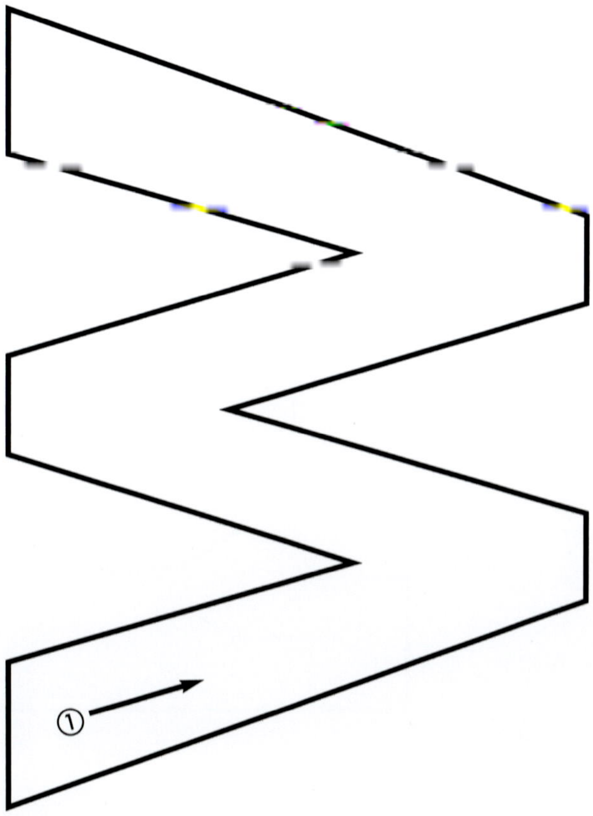
①

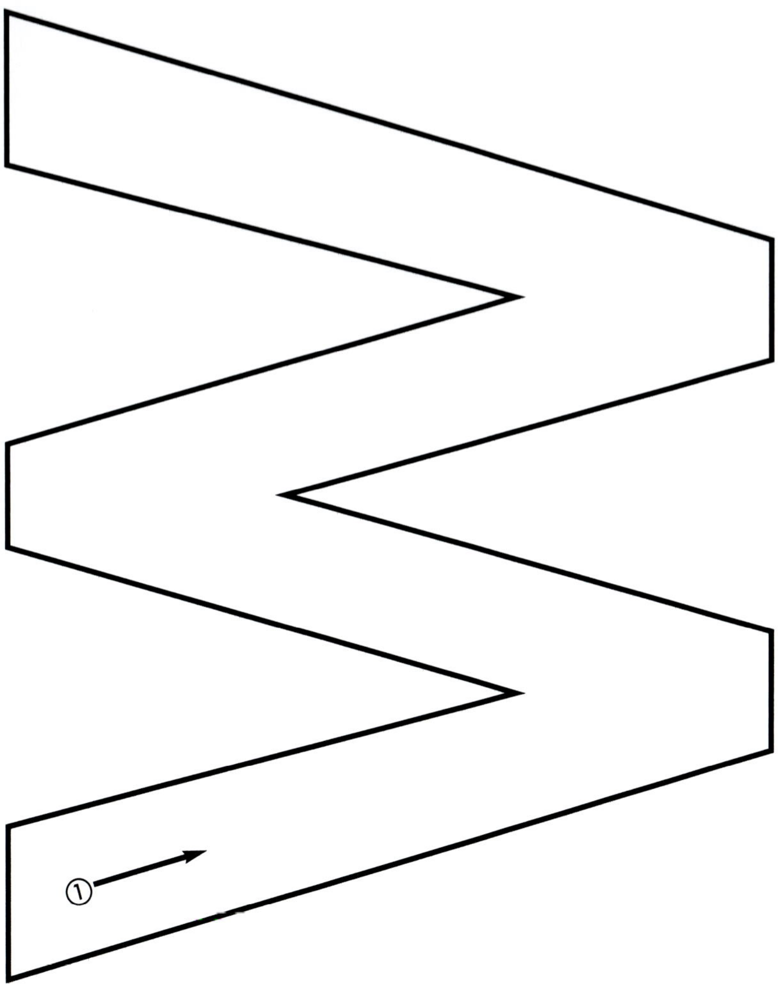
①

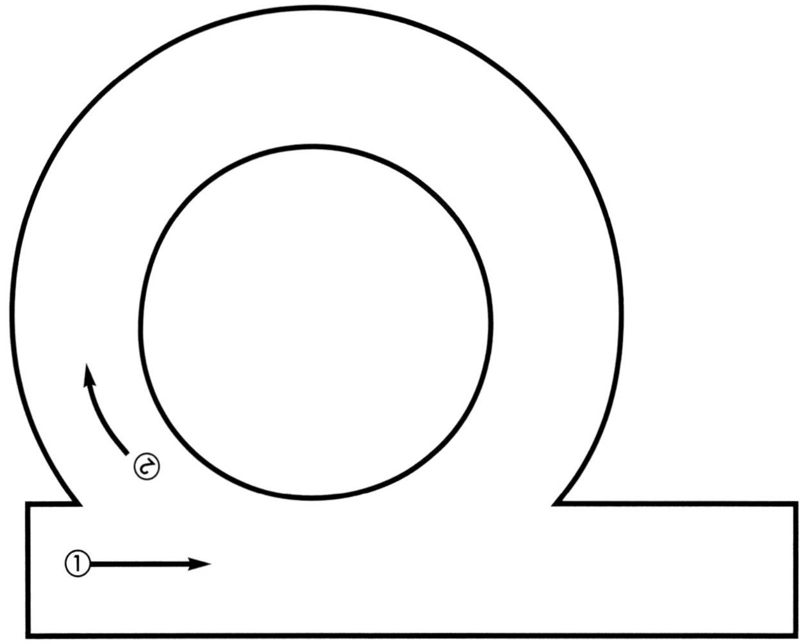
1
2

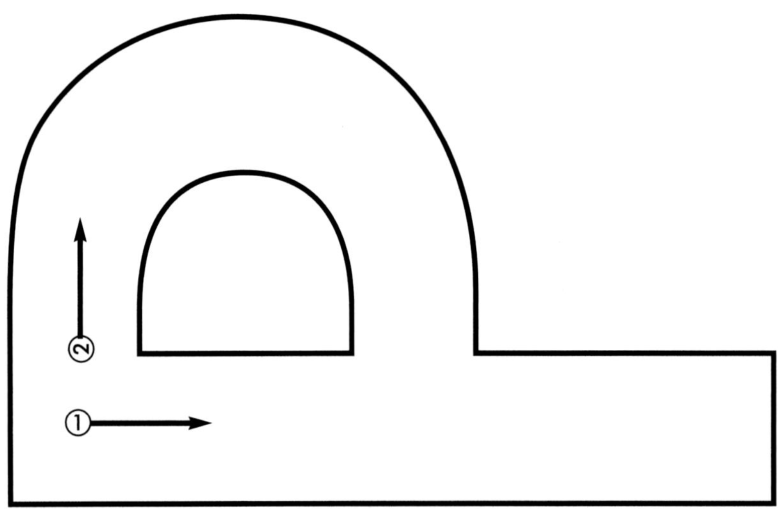
1
2

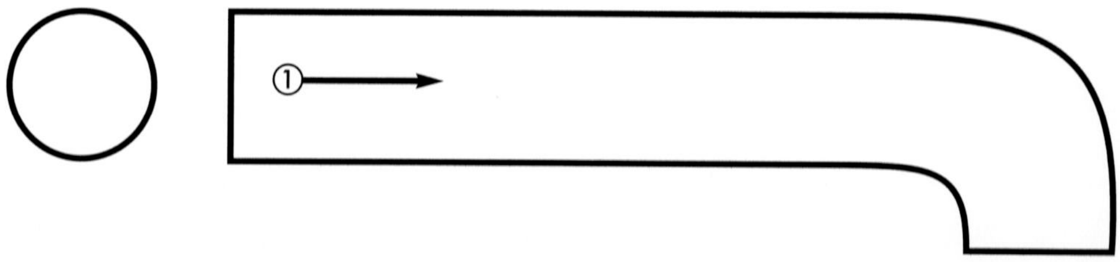
1

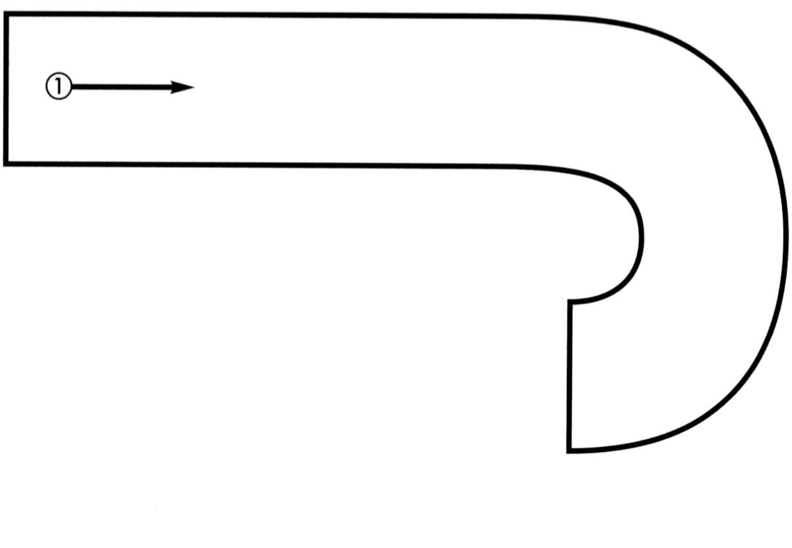
1

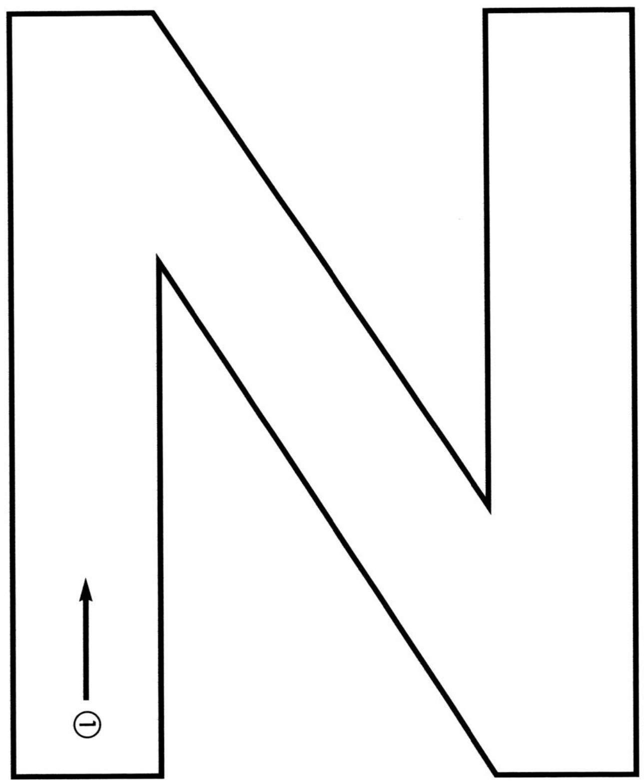

①

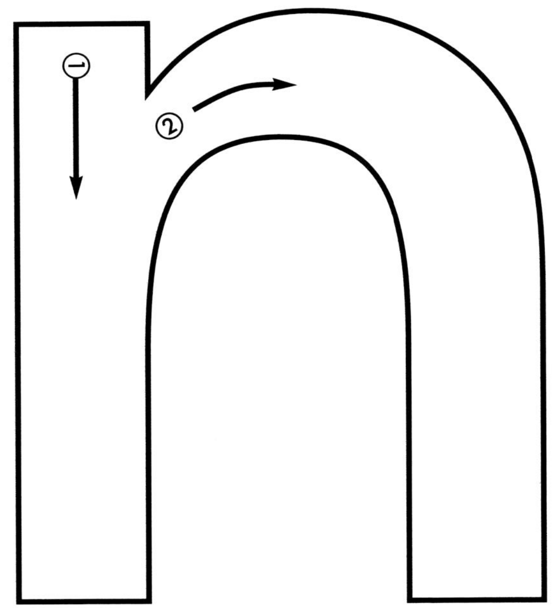

①
②

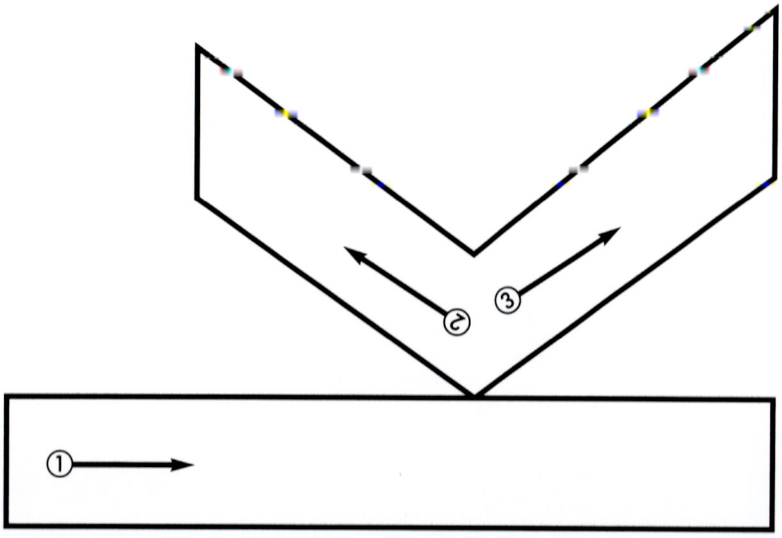
①
②
③

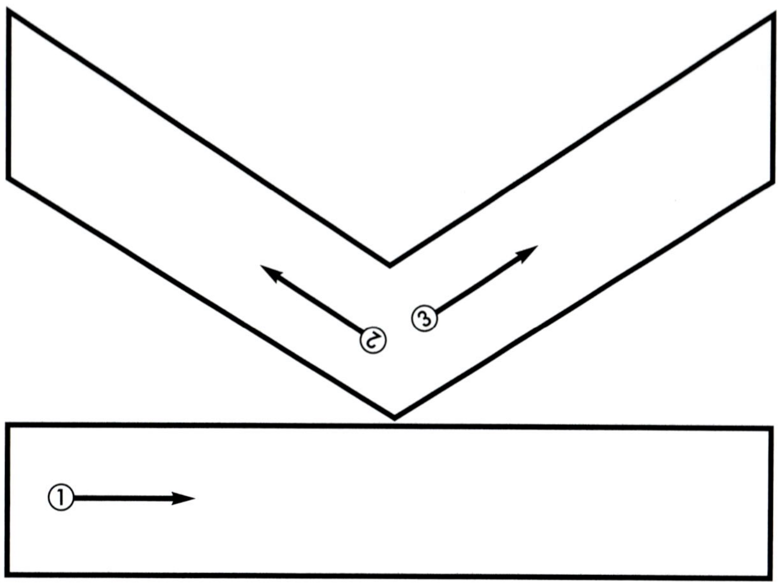
①
②
③

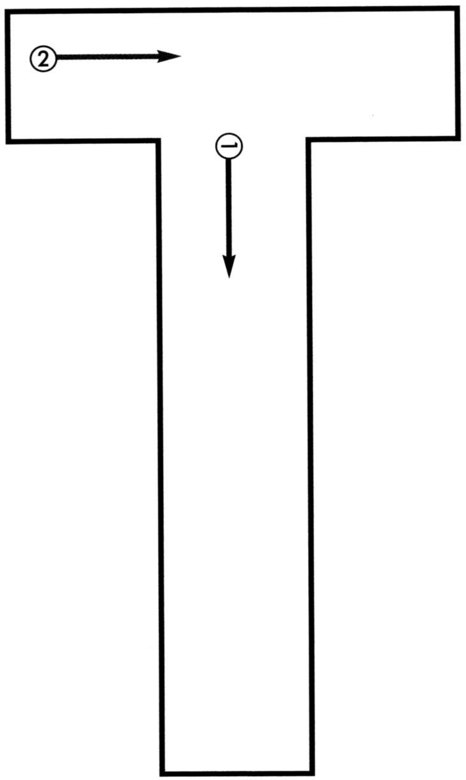
②
①

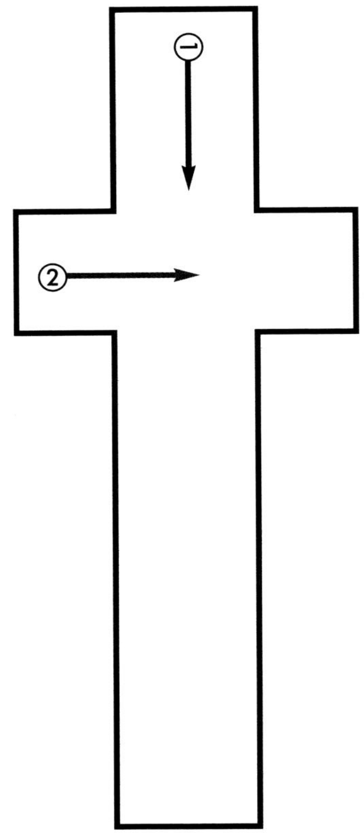
①
②

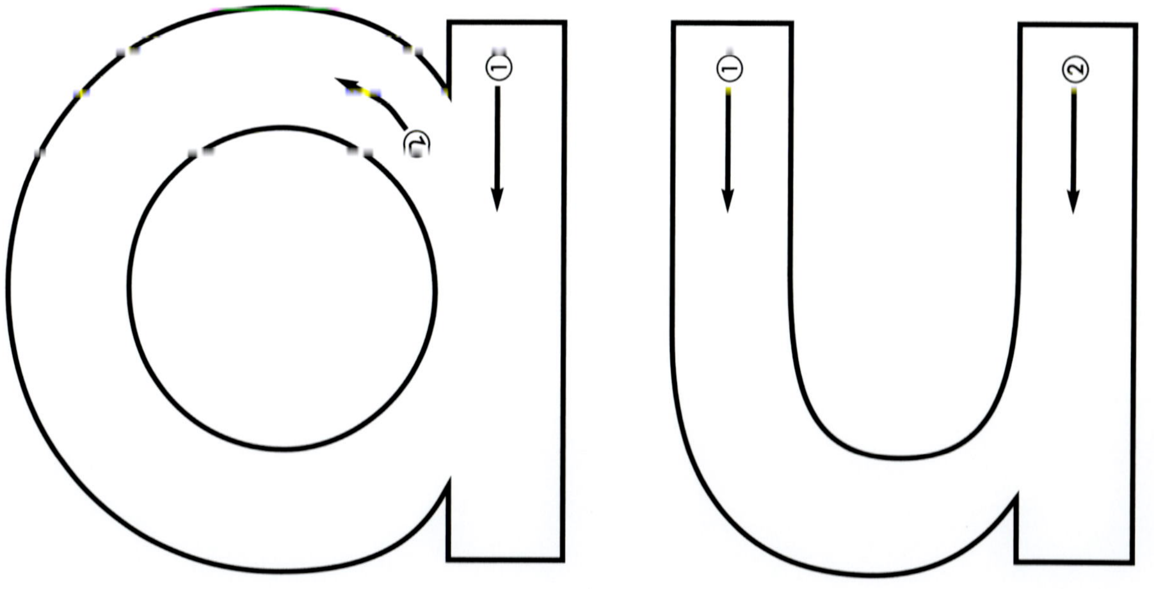

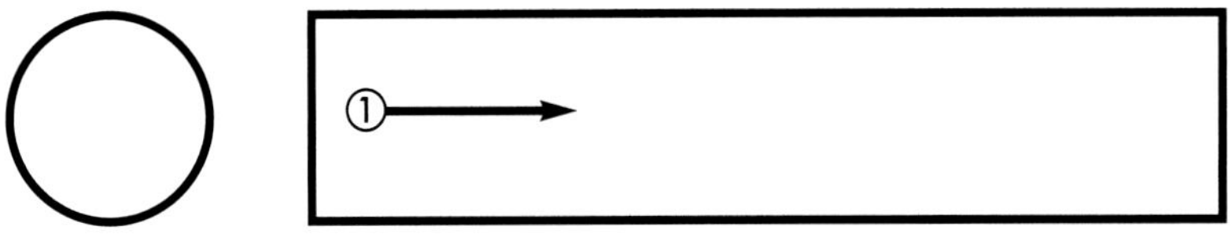
①

①

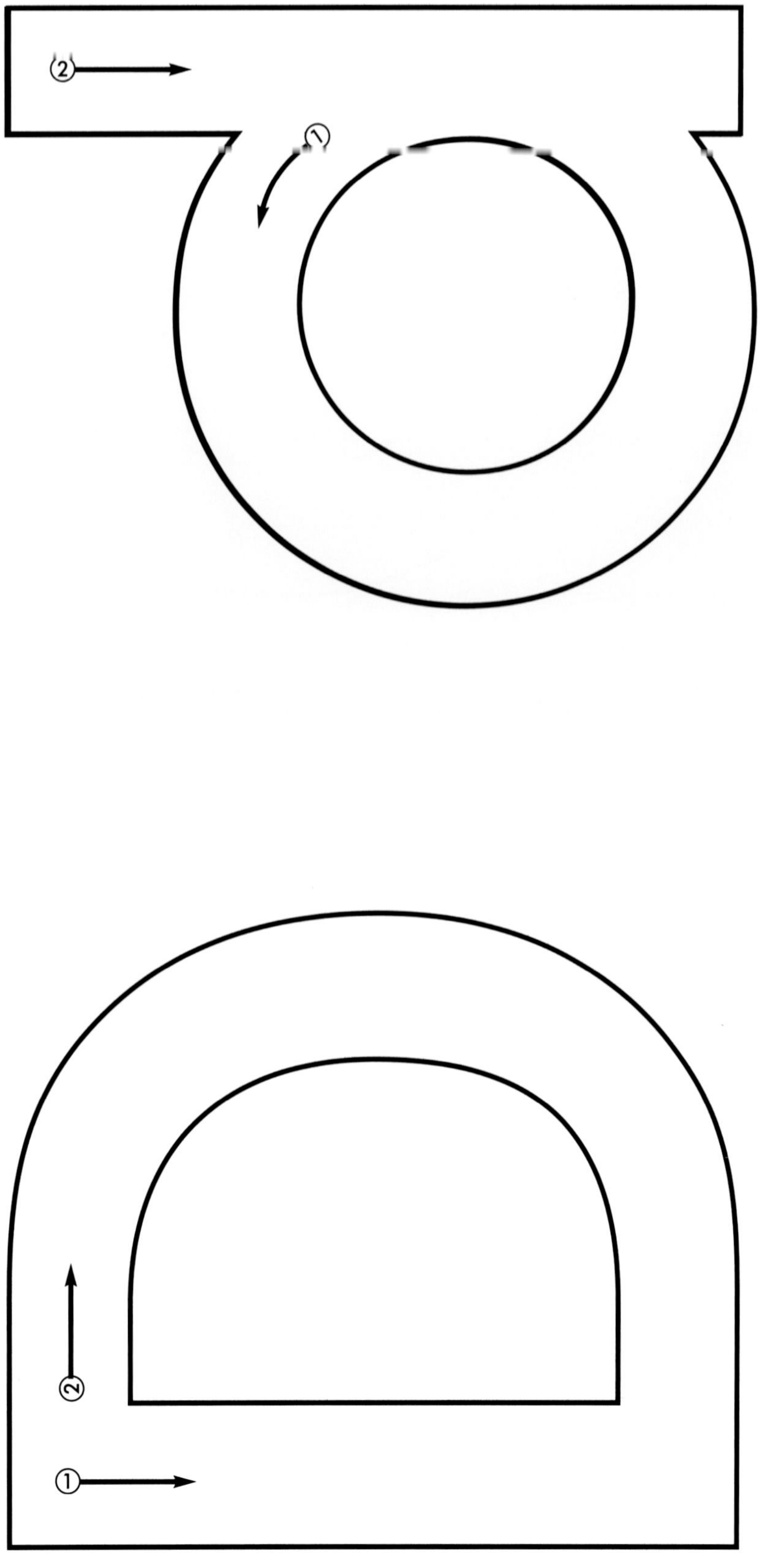
②
①
②
①

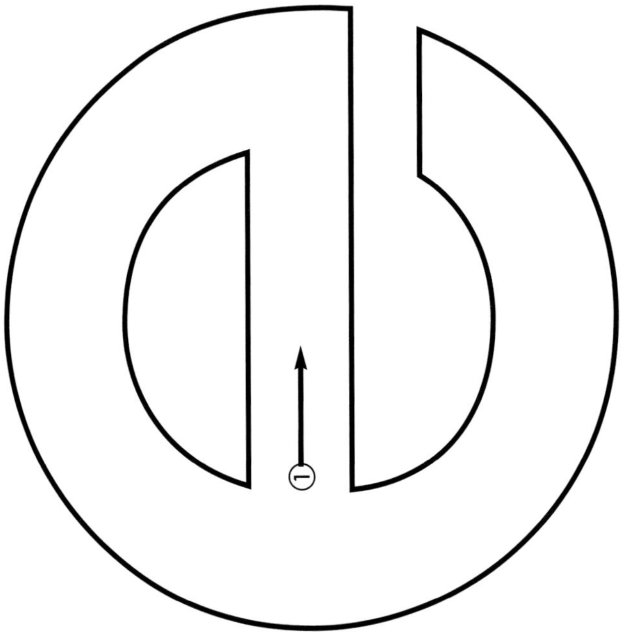

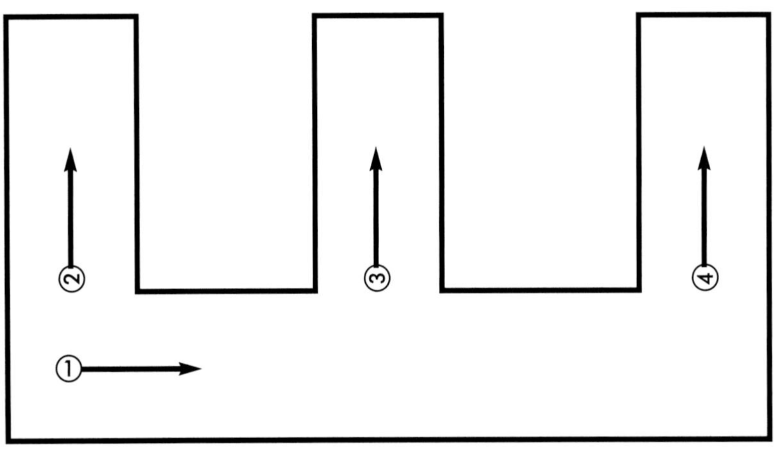

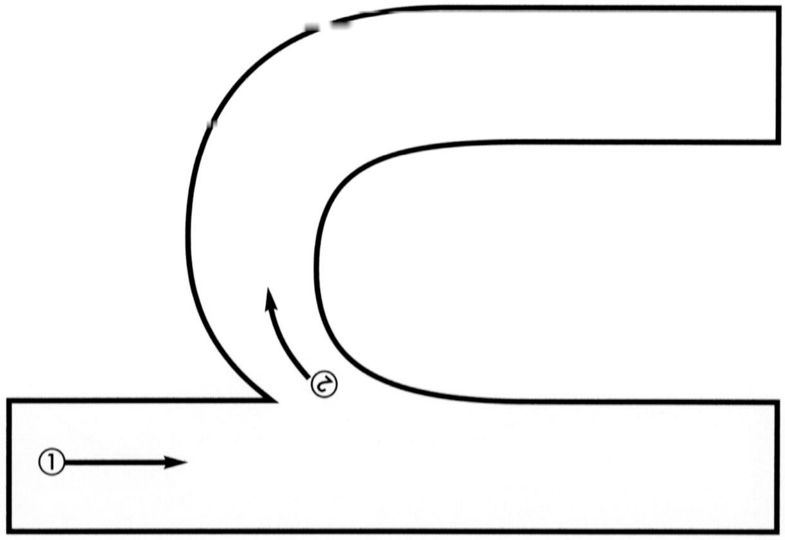
①
②

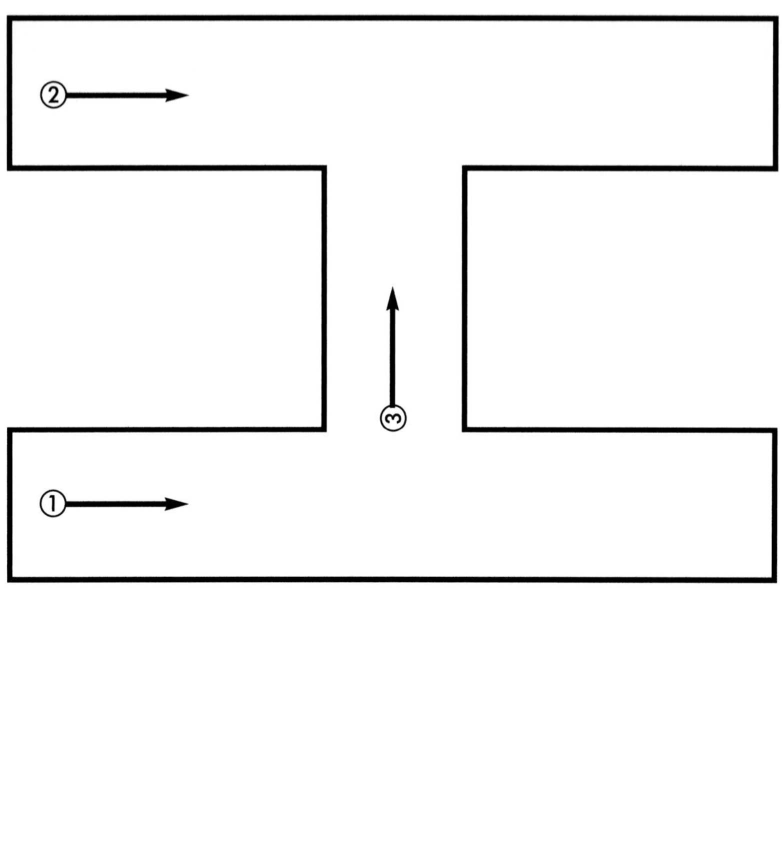
②
③
①

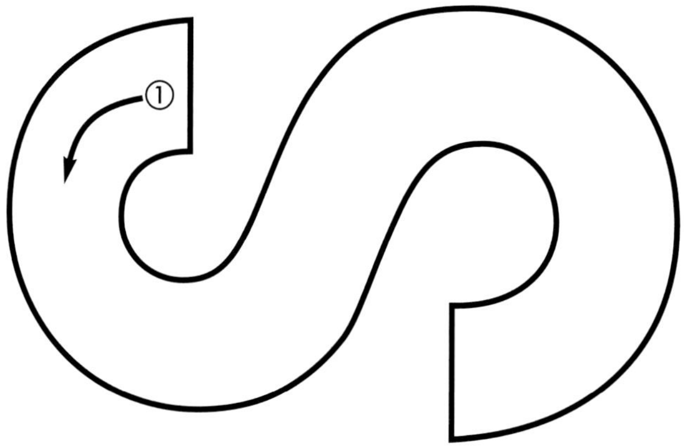
①

①

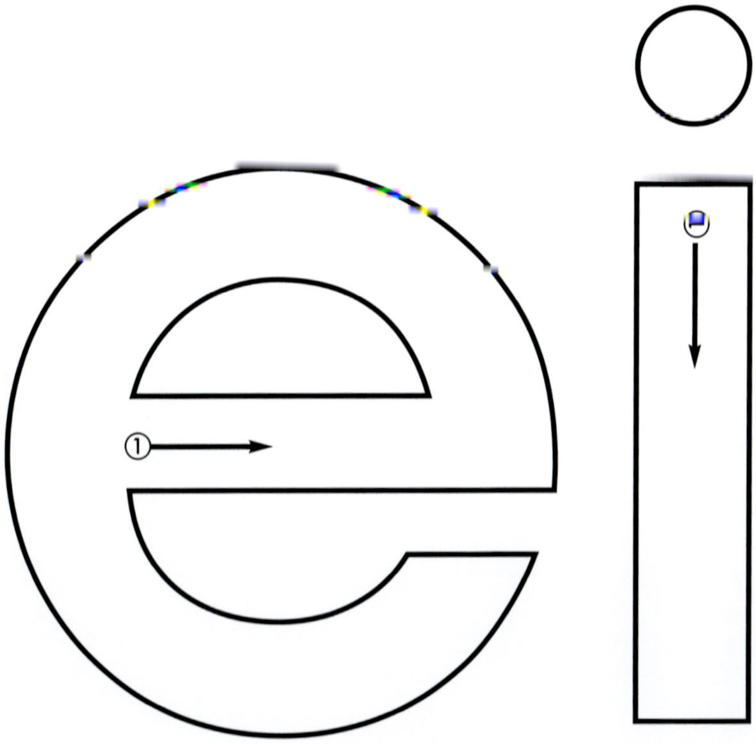

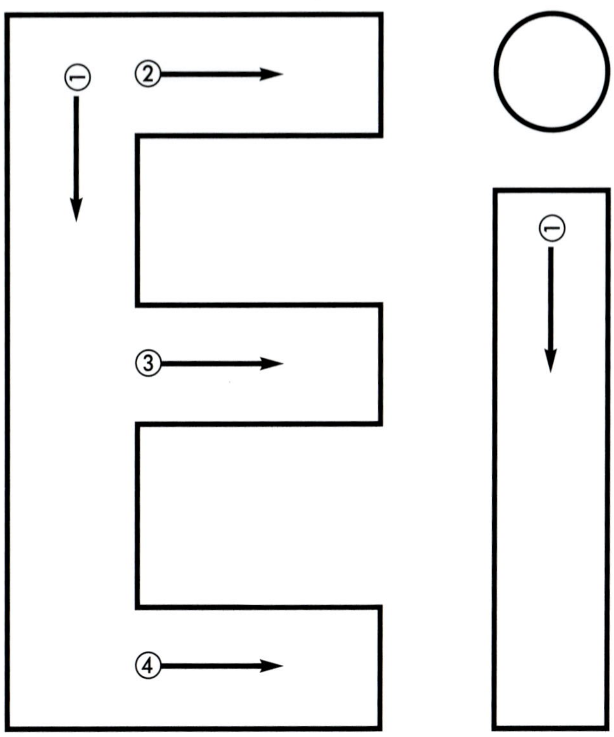

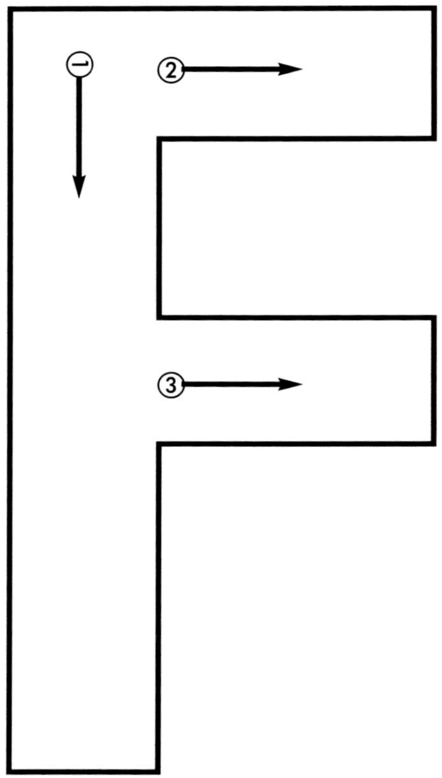
① ② ③

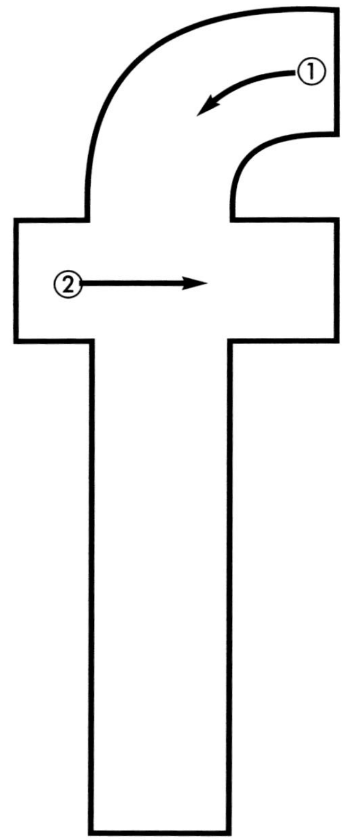
① ②

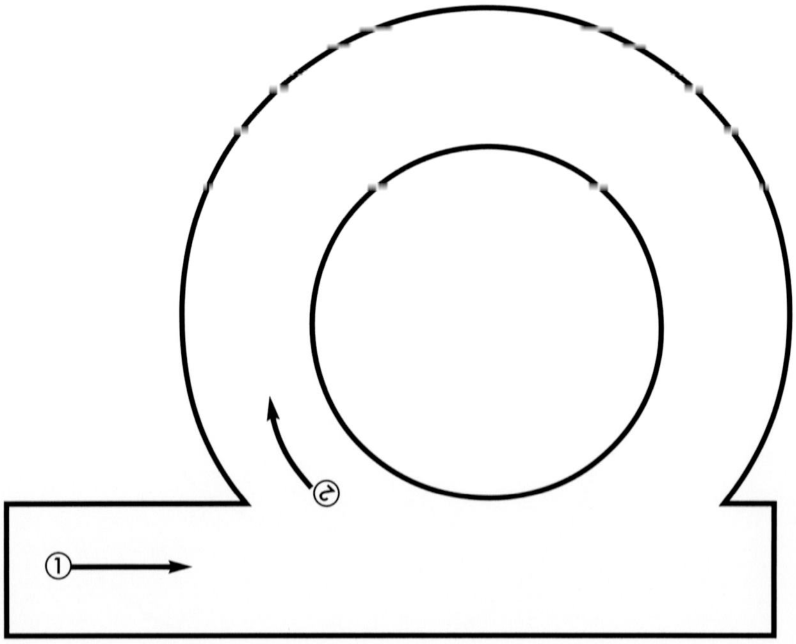

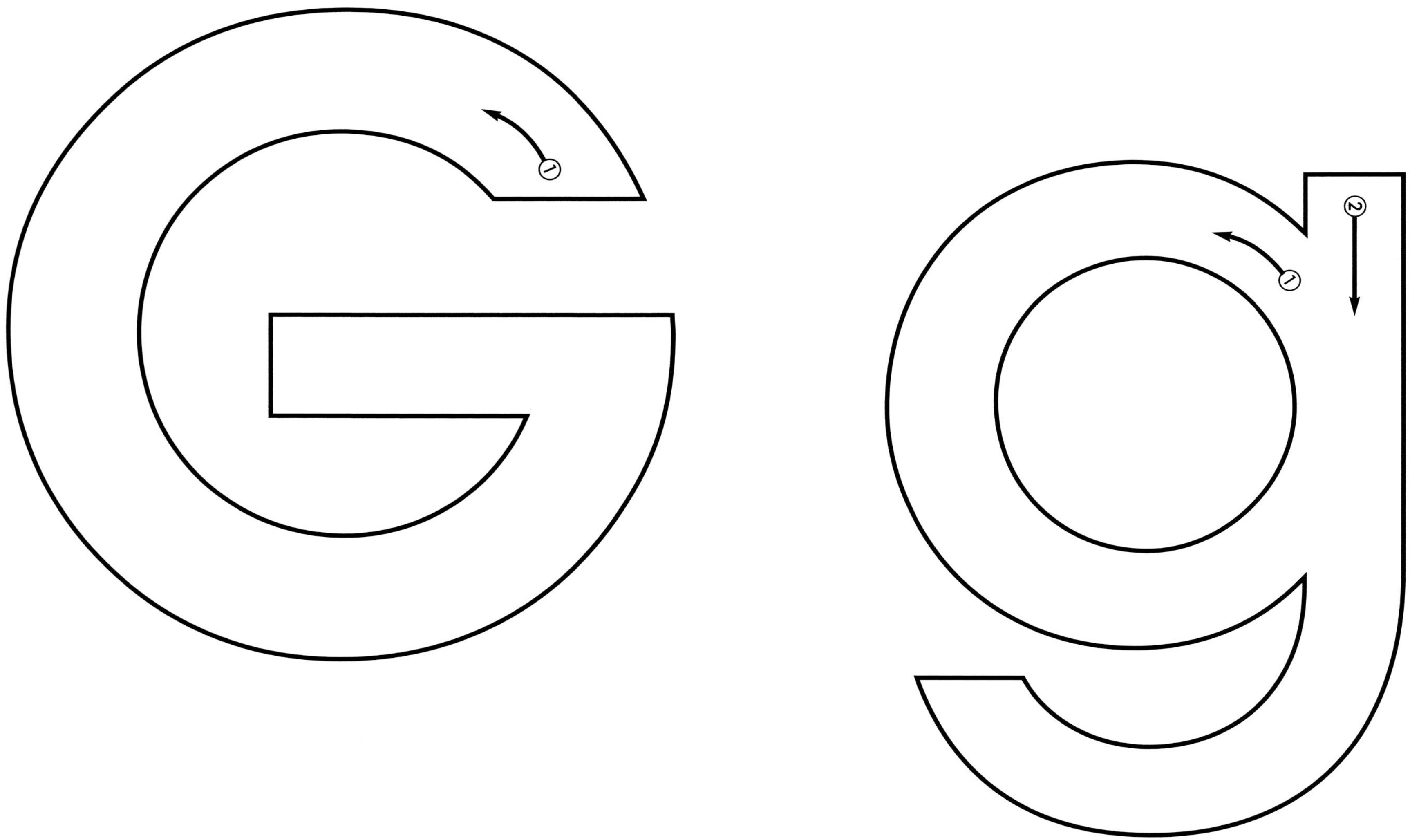
G
g
1
1
2

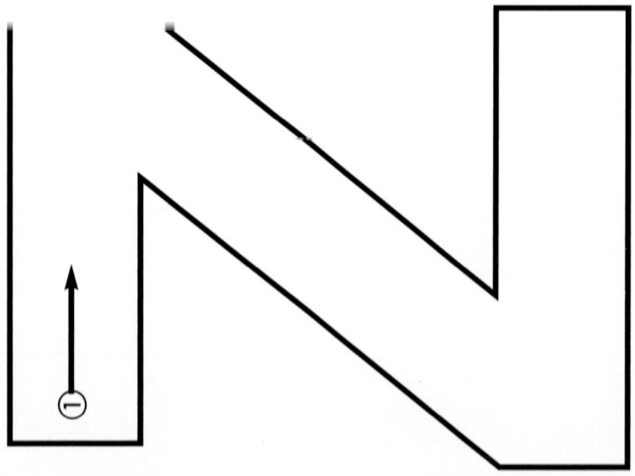
1

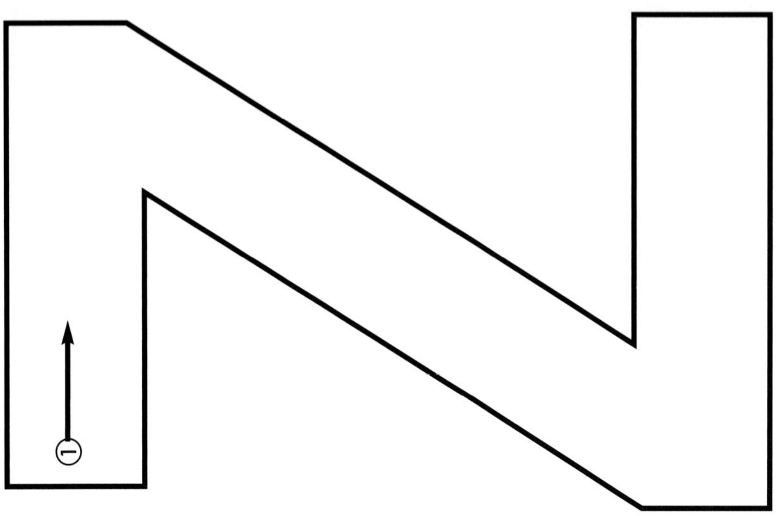
1

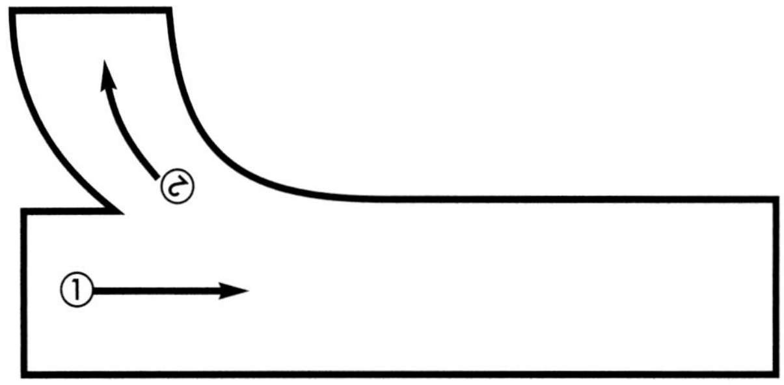

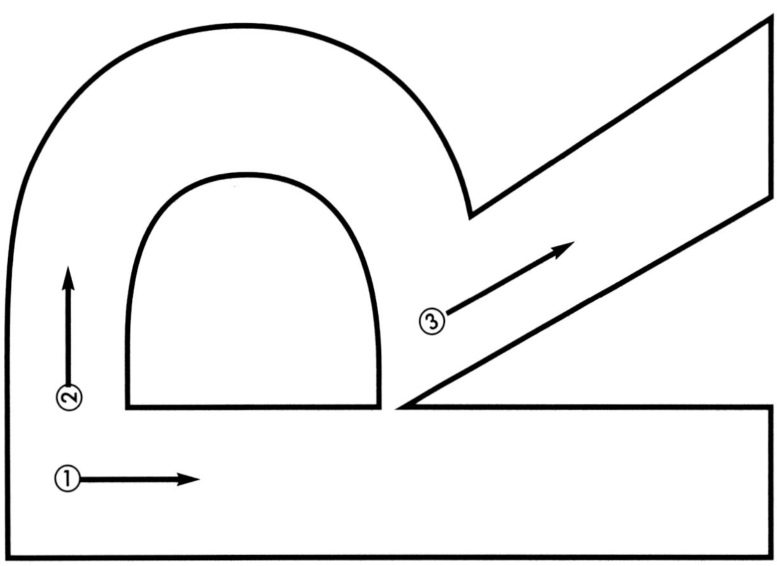

sch

Sch

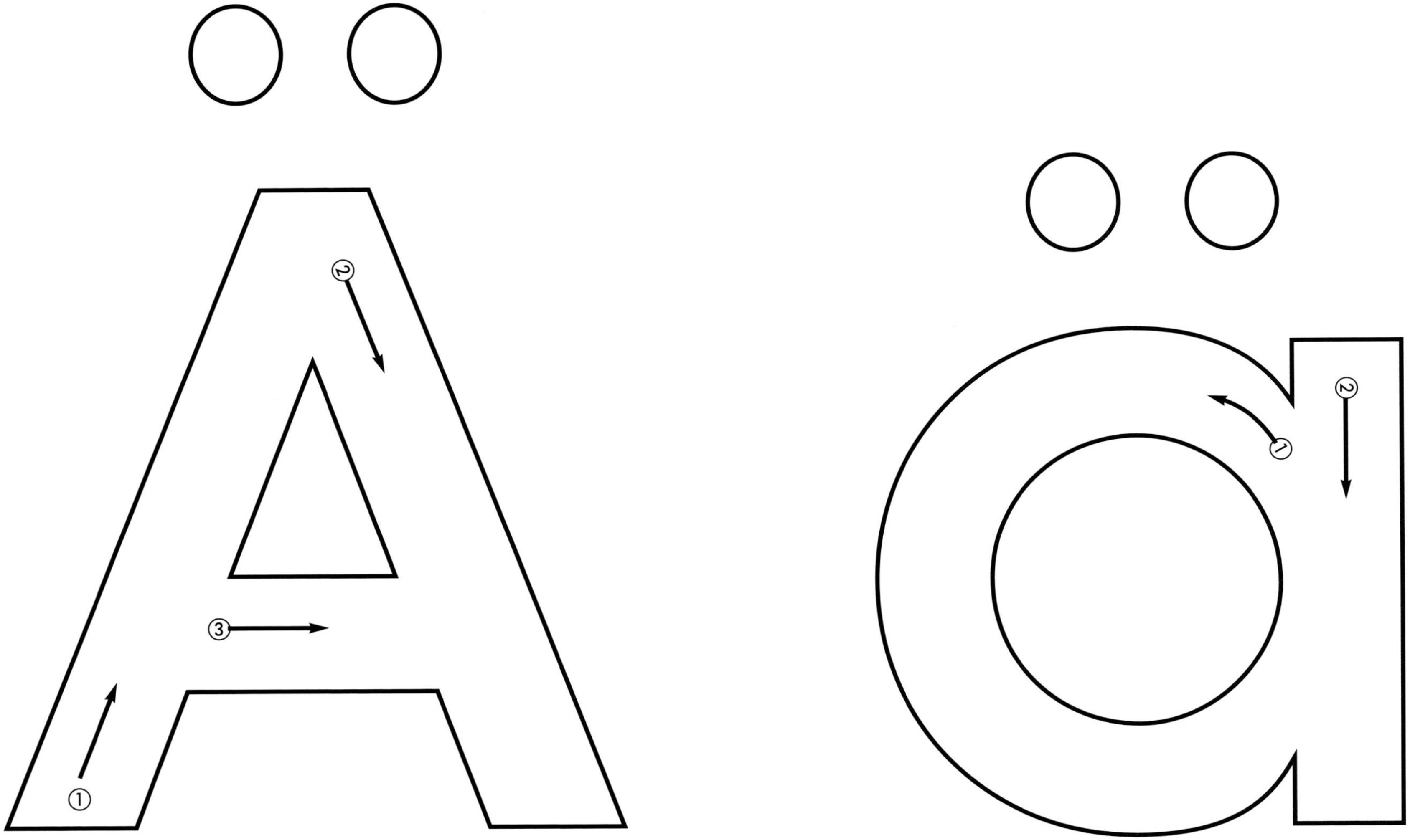
①
②
③
①
②

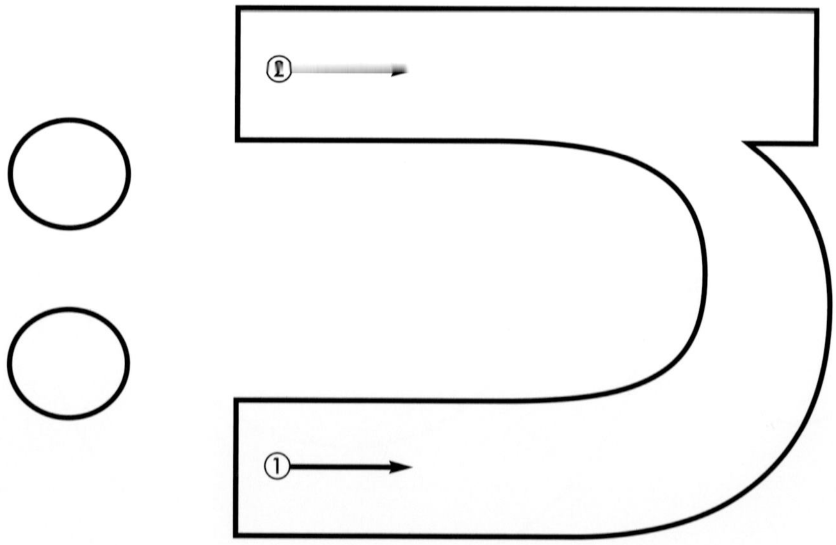

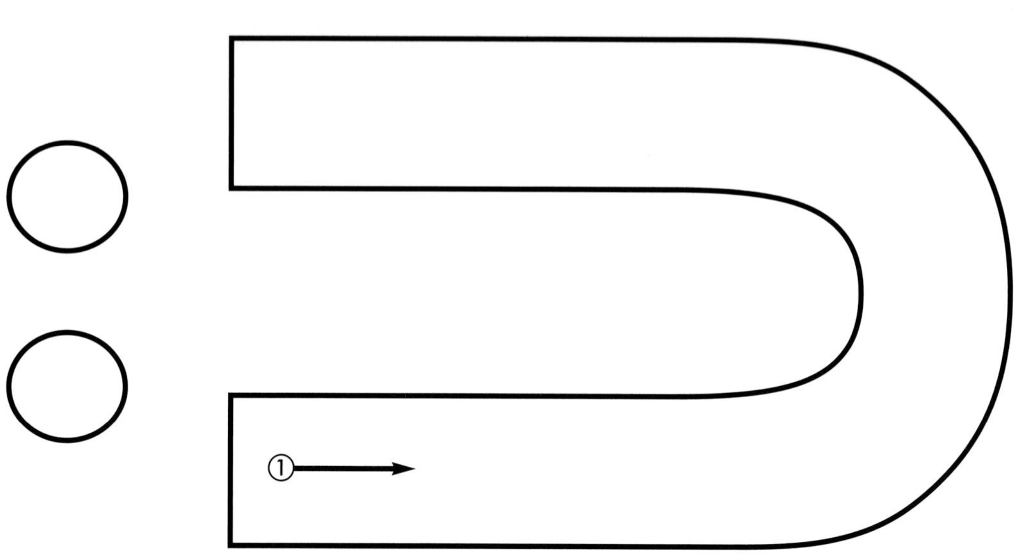

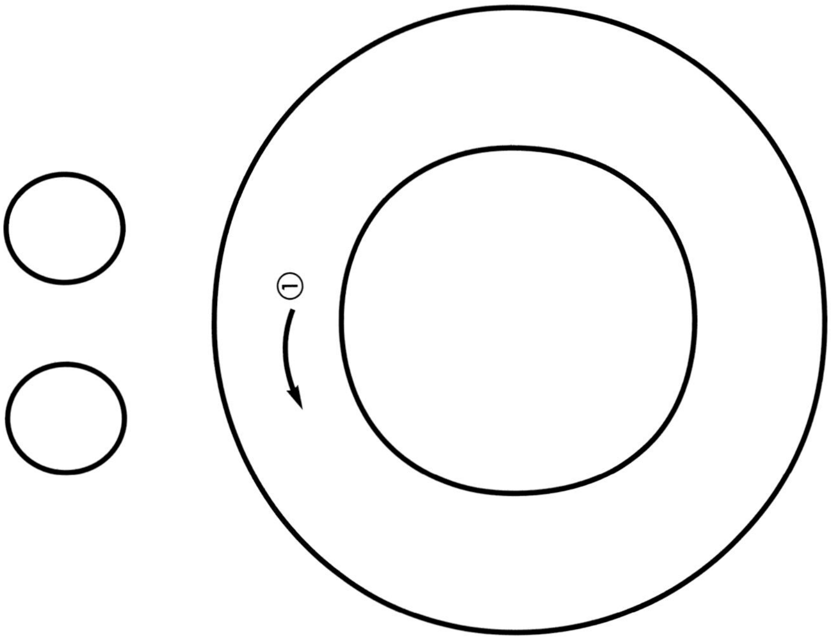
1

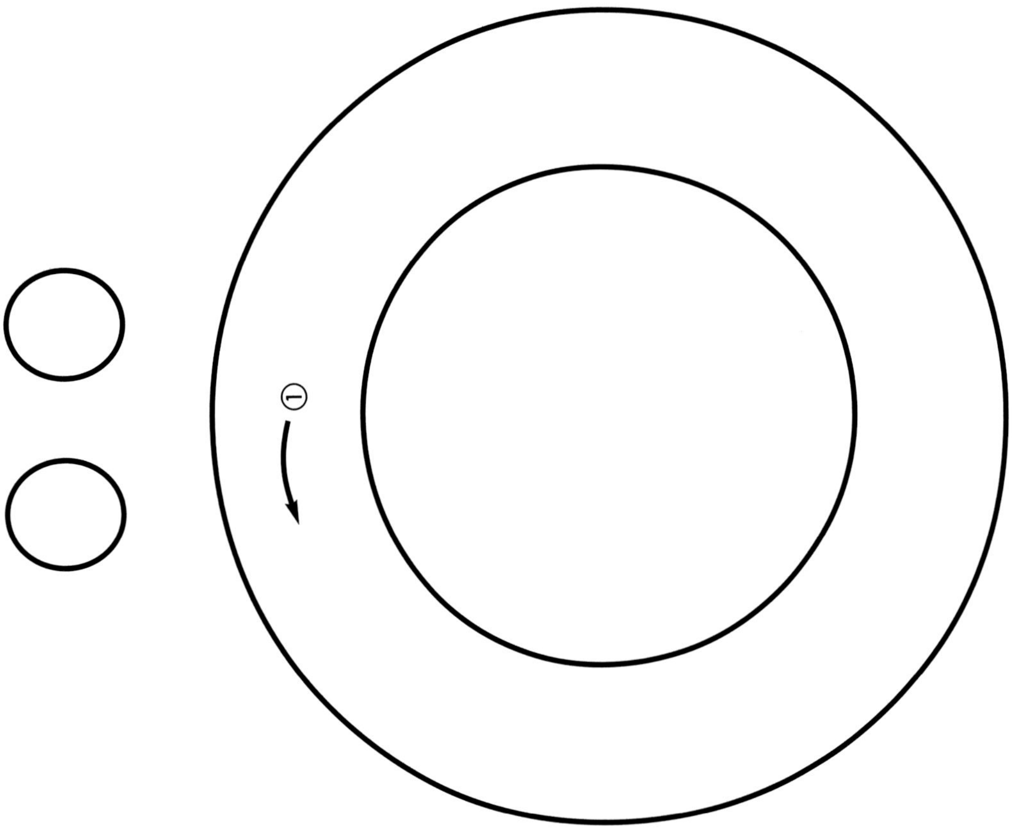
1

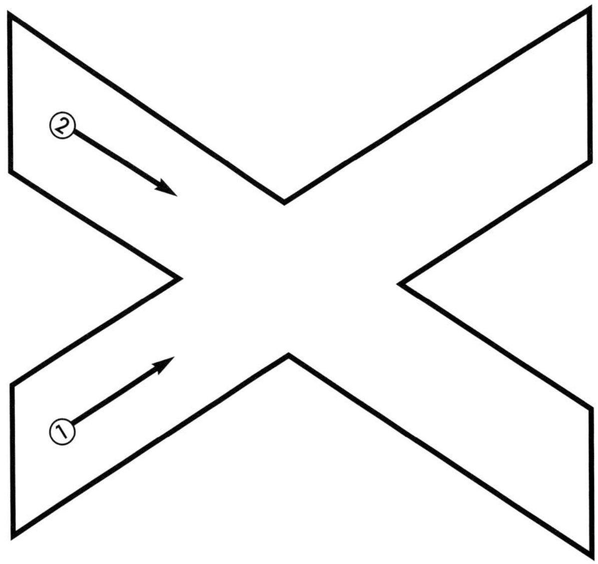
2
1

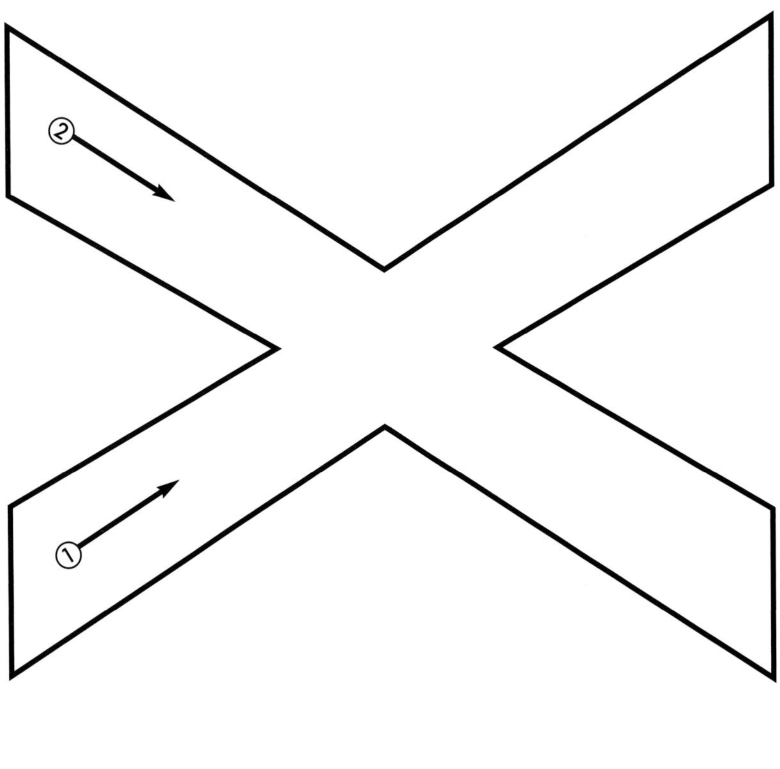
2
1

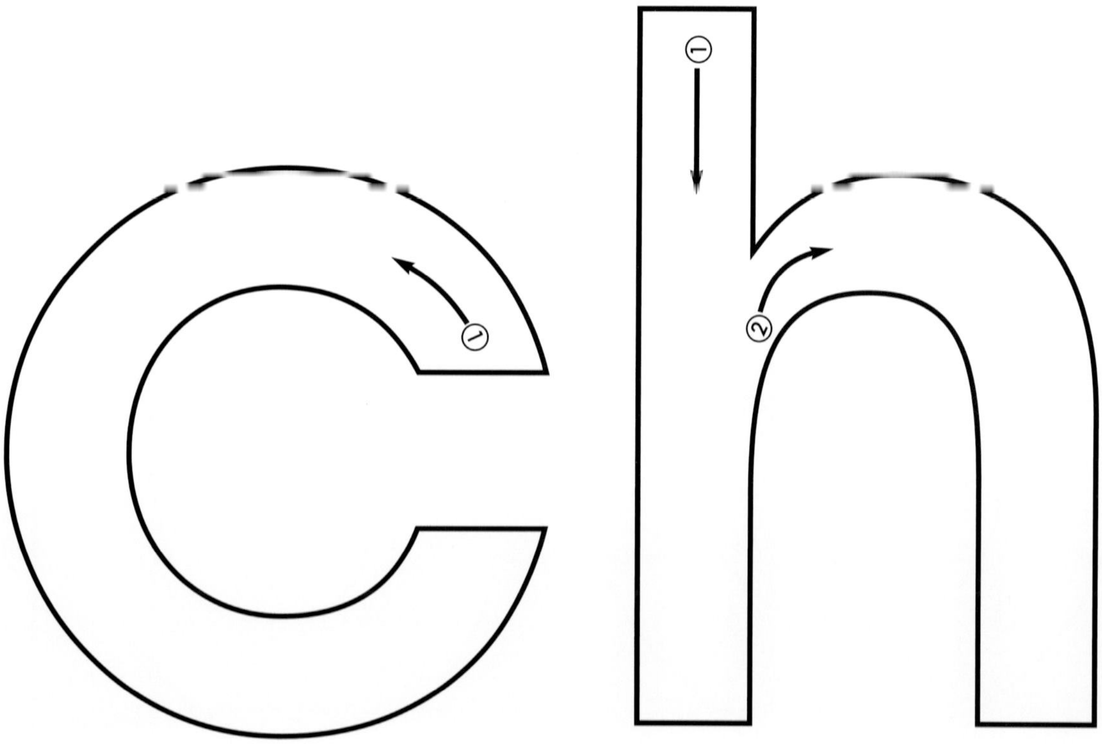

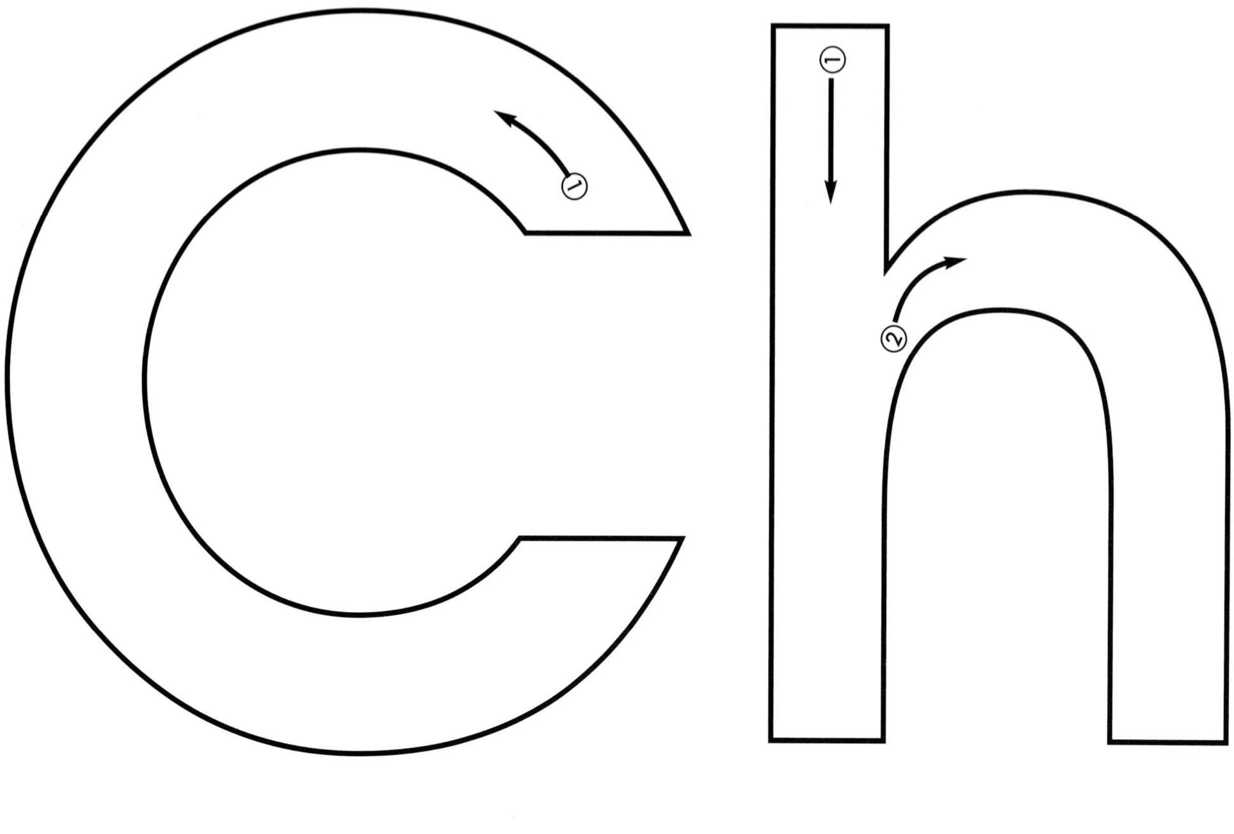

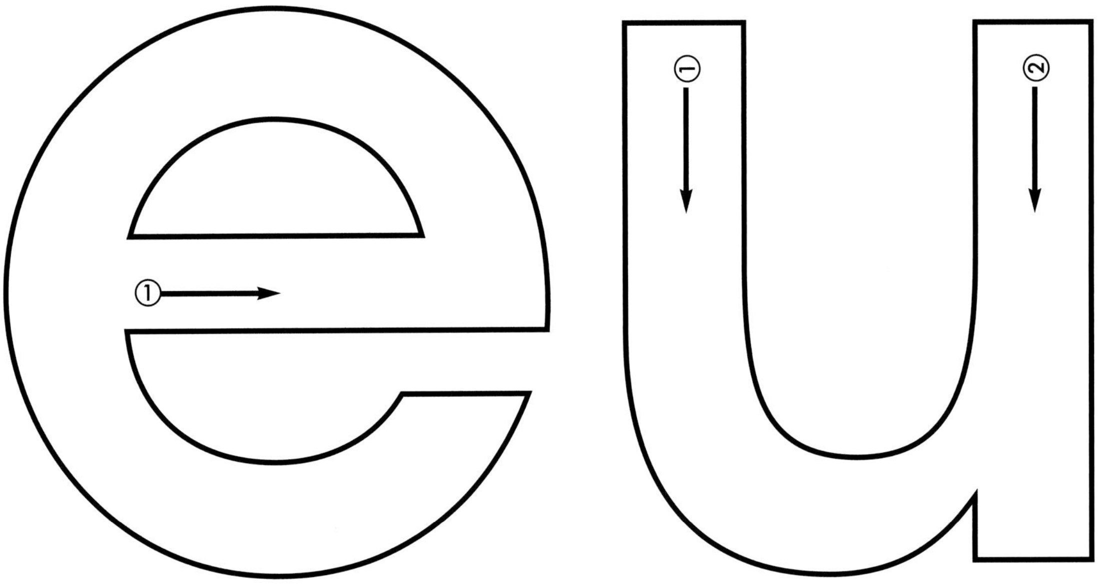

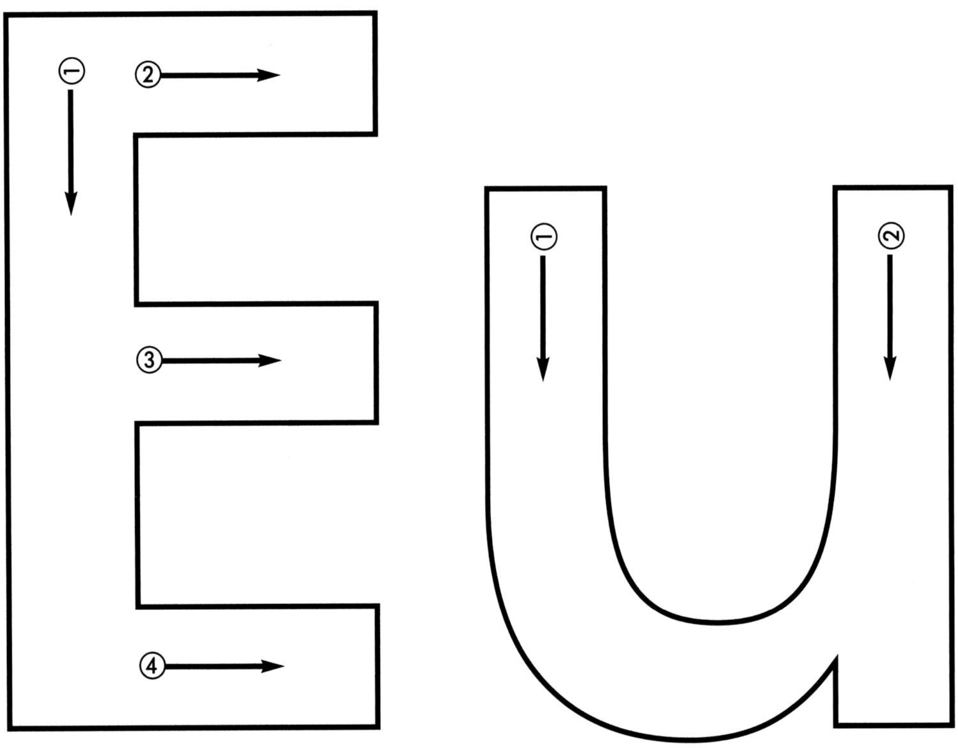

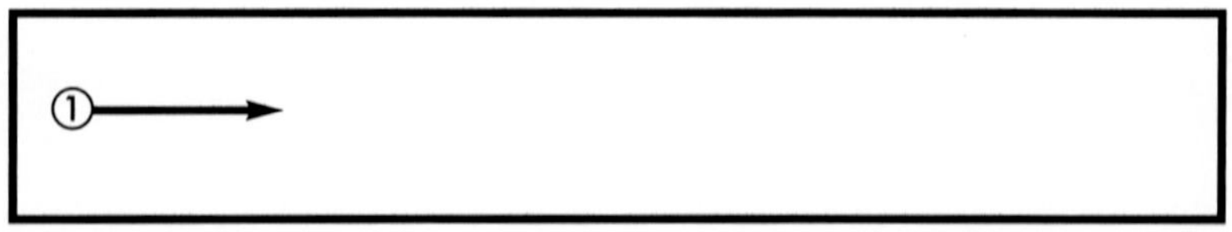
①

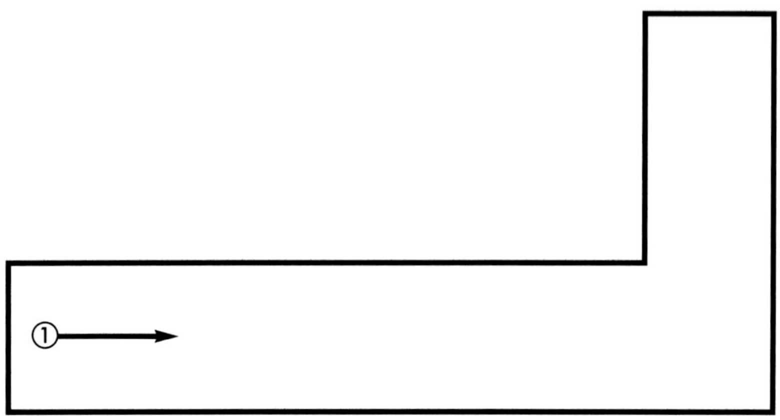
①

Methode Erlebnisorientiertes Buchstabenlernen (EoB)

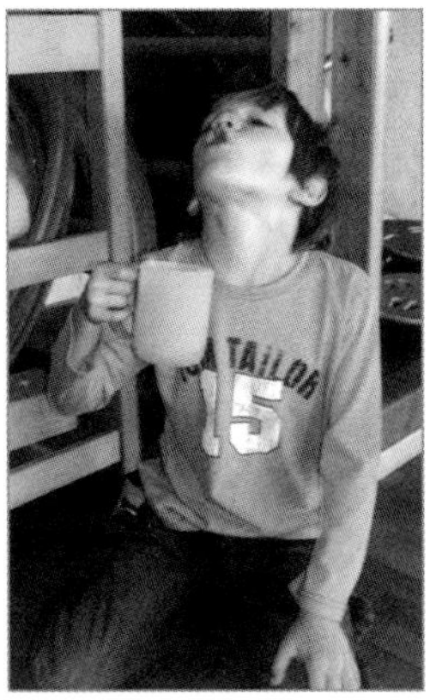

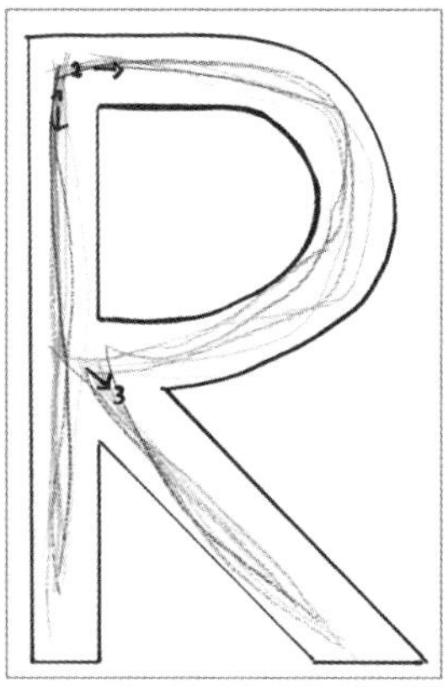

Erlebnisorientiertes Lernen bedeutet Lernen mit Spaß und Freude in einer entspannten Atmosphäre ohne Leistungsdruck!

Eine ganzheitliche, im Alltag integrierte Sprachförderung (⇨ Literatur) wird heute in vielen Kindergärten praktiziert. Dies ist eine gute Voraussetzung für das Angebot des erlebnisorientierten Buchstabenlernens.

Bereits im Alter ab ca. 4 Jahren beginnen Kinder sich für Buchstaben zu interessieren. Sie beobachten im Alltag, dass Erwachsene immer wieder mit Schreiben und Lesen beschäftigt sind, sie bekommen vorgelesen, unter ihre selbst gemalten Bilder wird ihr Name geschrieben, die Eltern schreiben Einkaufslisten ... das macht neugierig! Aber kein Kind kann sich die Buchstaben selbst enträtseln, um eigenaktiv weiter „forschen" zu können, muss das Kind die Bedeutung jedes Buchstaben kennen, dafür braucht es Unterstützung und Begleitung.

An diesem Bedürfnis der Kinder vor Schuleintritt setzt das EoB an, es kombiniert verschiedene bewährte Methoden sinnvoll mit neuen Ideen zu einem spielerischen Angebot für die Kinder, das ihnen nachhaltiges Lernen mit allen Sinnen ermöglicht – und gleichzeitig erwerben sie wichtige Vorläuferfertigkeiten für den Schriftspracherwerb.

Jede Einheit kann nach dem gleichen **Grundschema** durchgeführt werden:

- Vorlesen der Geschichte
- Buchstaben erleben
- Fühlbuchstaben tasten
- Lied singen
- Anlaute „lesen"
- Buchstaben schreiben
- eigenen Anlaut gestalten.

Bilderbuch, Gestik, Mimik, Bewegung

Material: farbige Seiten der Geschichte

Eingeführt wird ein neuer Buchstabe jeweils über die Geschichte von Lena und Xi.

Das **Besondere an der Geschichte** ist, dass fast jeder Buchstabe des deutschen Alphabets auf je einer Seite eine wichtige Rolle innerhalb der geschlossenen Basis-Erzählung spielt. Die Laute/Buchstaben sind sinnvoll mit passenden Gefühlen und spontanen (Laut-) Äußerungen, manchmal auch mit Lautmalereien verknüpft. (Sinnlautmethode, ⇨ Literatur)

Das **Besondere an den Bildern** ist, dass sie auf das Wesentliche konzentriert sind und dadurch allen Kindern das Verständnis erleichtern. Die ausdrucksstarken und modernen Bilder sprechen

Kinder auf ihrer elementaren Gefühlsebene an und erhöhen die Motivation, sich mit Buchstaben zu beschäftigen.

Beim Vorlesen der Geschichte werden die Laute sowohl „mit Gefühl", als auch mit passender Gestik, Mimik und/oder Bewegung (Lautgebärde) ausgesprochen.
(Anregungen dazu finden Sie im Kapitel *Anregungen für alle Buchstaben in Kurzform*, S. 167 ff), jeweils bei dem entsprechenden Buchstaben).

Wenn die Lerninhalte verinnerlicht sind, werden die Bewegungen nicht mehr benötigt. Die Kinder entscheiden selbst, wie lange sie die Lautgebärden nutzen wollen.
Hinweis: Manche GrundschullehrerInnen verwenden in den Eingangsklassen Lautgebärden. Eine Absprache mit den LehrerInnen ist daher erforderlich. Besteht keine Übereinstimmung, kann das EoB auch ohne Lautgebärden durchgeführt werden.

Buchstaben erleben

Material: 1 Tafel (oder Plakat), auf welche der jeweilige Buchstabe groß geschrieben ist; Hohlbuchstaben, Material für das Erlebnis des jeweiligen Buchstaben (⇨ S. 167 ff)

Wesentlich für nachhaltiges Lernen ist, dass die Gefühle, Mitteilungen und Erlebnisse auch selbst erlebt werden!
Zur Geschichte und den Bildern von Lena und Xi gibt es daher zu jedem Buchstaben kleine Aktionen, sodass die Kinder den jeweiligen Laut/Buchstaben selbst erfahren. Das Erleben ermöglicht eine intensive, basale und differenzierte Wahrnehmung der einzelnen Laute. Die phonologische Bewusstheit wird gefördert und die metasprachliche Kompetenz erweitert.

Während des Erlebens ist der jeweilige (Hohl-)Buchstabe für alle Kinder gut sichtbar! So bleibt die Verbindung zur Buchstabenform im Spiel visuell bestehen.
An die Tafel (auf das Plakat o. Ä.) wird jedes Mal der neu erlebte Buchstabe deutlich dazugeschrieben. So sind die bereits bekannten Buchstaben für die Kinder (und interessierte Eltern) immer präsent und können für die Wiederholung am Beginn jeder Einheit genutzt werden. (⇨ *Exemplarische Einführung des zweiten Buchstabens M/m*, S. 164)

Fühlbuchstaben

(Anlehnung an Montessori)

Material: Fühlbuchstaben auf Holztäfelchen oder Pappkärtchen (⇨ Anleitung, S. 187)

Der Einsatz von Fühlbuchstaben dient der Schulung und Sensibilisierung der taktilen Wahrnehmung. Die Kinder fühlen den Buchstaben, fahren mit den Fingern den Buchstaben nach, sie erfühlen ihn, erleben seine Form und be„greifen" ihn. Viele Kinder mögen das taktile Erleben der Fühlbuchstaben. Es ist daher sinnvoll, die eingeführten Fühlbuchstaben an einer für alle Gruppenmitglieder zugänglichen Stelle aufzubewahren, damit sich die Kinder auch während des Gruppenalltags mit den Fühlbuchstaben eigenaktiv beschäftigen können.
Wichtig! Wenn die Kinder selbstständig mit den Fühlbuchstaben schreiben, indem sie diese für sie sinnvoll nebeneinander legen, geht es um wichtige Lernprozesse, nicht um die korrekte Rechtschreibung. Es sollte deshalb nicht verbessert werden!

Musikpädagogik

Material: die passende Strophe aus *Das Lied von Lena und Xi* (⇨ S. 185) und die entsprechenden Fühlbuchstaben, Hintergrundmusik nach Wahl

Das Lied von Lena und Xi spiegelt die Geschichte lerntheoretisch und praktisch wieder. Zu jedem Buchstaben lernen die Kinder die dazugehörende Strophe kennen und singen das Lied gemeinsam. Wiederholungen fördern die Nachhaltigkeit und Merkfähigkeit.
Beim Singen der einzelnen Strophen des Liedes von Lena und Xi halten zwei Kinder die entsprechenden Fühlbuchstaben als Groß- und Kleinbuchstabe hoch.
Während die Kinder sich selbst mit den Buchstaben beschäftigen (z. B. beim Schreiben der Hohlbuchstaben und/oder beim Gestalten der Anlaute) unterstützt entspannende (klassische) Musik im Hintergrund eine gute, ruhige (Lern-) Atmosphäre im Raum.

Anlaute

Material: farbige Anlaut-Seiten

Für jeden Buchstaben der Geschichte gibt es eine weitere Seite mit drei bebilderten Wörtern, welche denselben Anlaut haben. Diese Anlaut-Wörter können von den Kindern „gelesen" werden. Es wird auf ein Wort gezeigt und gefragt wie es heißt. Die Kinder benennen das nebenstehende Bild. Den Kindern wird bewusst, dass alle Wörter auf dieser Seite mit demselben Buchstaben/Laut beginnen. Ziel ist das Kennenlernen des Anlaut-Prinzips mit dem Erfolgserlebnis durch das Nennen der Bild-Wörter. Hierbei wird der Laut deutlich, aber <u>ohne</u> Emotion und ohne Gestik, Mimik, Bewegung ausgesprochen.

Schreiben der Buchstaben

Material: Kopien der entsprechenden Hohlbuchstaben (Vorlagen S. 124 ff, evtl. für Kinder mit feinmotorischen Schwierigkeiten vergrößert kopieren), viele Farbstifte (10 Farben, möglichst dick, in Dreiecksform), evtl. CD-Player, klassische Musik, evtl. Schreibunterlagen, ein Ordner für jedes Kind (auf dem Rücken beschriftet mit dem Namen des Kindes)

In Anlehnung an Montessori schreiben die Kinder in große Hohlbuchstaben mit 10 verschiedenen Farben (jeweils Groß- und Kleinschreibung der Druckbuchstaben). Gut geeignet sind dafür Farbstifte in Dreiecksform. Es ist wichtig, dass die richtige Schreibrichtung (Pfeilrichtung) vor dem Schreiben erst mit dem Zeigefinger erprobt wird. Das Schreiben erfordert einen ruhigen Arbeitsplatz ohne Ablenkung. Die Kinder können dabei an Tischen sitzen, aber auch auf dem Boden schreiben. Als Unterstützung der Konzentration beim Schreiben kann klassische Musik leise gespielt werden (z. B. Mozart). Manche Kinder benötigen eine Schreibunterlage (vor allem Linkshänder). Die Blätter werden in die Ordner der Kinder eingefügt.

Eigenes Gestalten im persönlicher Ordner

Material: Kopierte Seiten der Geschichte und Anlaut-Seiten (Vorlagen S. 65 ff), Farbstifte, Kataloge und Zeitschriften (für Collagen), Scheren, Klebstifte, Fotos der Eltern und Großeltern (für M, O, P), ein Ordner für jedes Kind

Mithilfe der Kopiervorlagen kann sich jedes Kind sein eigenes „Buchstabenbuch" gestalten, das es am Ende des Projektes mit nach Hause nehmen kann.
Auf der linken Seite sehen die Kinder die fortlaufende Geschichte, auf der rechten Seite befinden sich die passenden Anlaute, jeweils mit Umrisszeichnungen. Ein Kästchen der „Anlaut-Seite" ist dem eigenen Gestalten vorbehalten. Ein selbst gewählter und selbst gestalteter Anlaut dient der Vertiefung. Das Kind denkt sich ein Wort mit dem jeweiligen Anlaut aus, der Erwachsene schreibt dieses Wort in Druckbuchstaben neben das freie Kästchen. Besonders geeignet sind Namen von bekannten Menschen, mit denen das Kind Gefühle verknüpft. Es ist auch möglich, dass mehrere Kinder dasselbe Wort wählen. Für Kinder, denen kein Anlaut-Wort einfällt, gibt es eine Wortsammlung, aus der sich das Kind ein Wort aussucht. (⇨ Anregungen dazu finden Sie im Kapitel *Anregungen für alle Buchstaben in Kurzform*, S. 167)
Beim Gestalten (Malen, Collage, Foto ...) kommt es nicht auf ein „schönes" Ergebnis an, sondern auf das fantasievolle, kreative Tun.

Elternbeteiligung

In einem Brief werden die Eltern der Kinder über die Durchführung des EoB in der Einrichtung informiert. (⇨ Vorlage S. 188).

Wichtig: Informieren Sie darüber, dass immer der „Laut-Name" und nie der „Alphabet-Name" verwendet wird.

Praktische Durchführung

Raum: Ein ruhiger Raum wird benötigt.
Dauer: jeweils ca. 30 bis 45 Minuten (für einen Buchstaben)
Zeitraum: Projekt ist variabel; normalerweise 2 Buchstaben pro Woche; insgesamt ca. 15 Wochen
Gruppengröße: bis 10 Kinder (maximal bis 20 Kinder)
Alter: Vorschulkinder (spätestens im letzten Kindergartenhalbjahr), je nach Interesse auch schon für Kinder ab ca. 4,5 Jahren möglich.

Das Erlebnisorientierte Buchstabenlernen kann und soll individuell verändert und an die jeweiligen Bedürfnisse angepasst werden. Neben dem Ablauf nach o. g. Grundschema (⇨ S. 156) sind verschiedene Variationen denkbar, z. B.:

- **Einzelne Bausteine im Gruppenalltag**
  Die Durchführung einzelner Teile des EoB im Gruppenalltag ist möglich. Insbesondere das ausführliche taktile Erleben beim Berühren der Fühlbuchstaben, das Schreiben der Hohlbuchstaben mit zehn verschiedenen Farben und das Gestalten der Anlaut-Kästchen.

- **Intensiv-Workshop**
  Ein Intensiv-Workshop kann beispielsweise so aussehen: Pro Woche lernen die Kinder einen Buchstaben kennen.

Montag:	Geschichte und Erlebnis
Dienstag:	Fühlbuchstaben tasten und Hohlbuchstaben schreiben
Mittwoch:	Buchstaben backen oder kneten und andere Buchstaben-Aktionen
Donnerstag:	Anlaute „lesen" u. Sprachspiele
Freitag:	eigene Anlaute ausdenken, aufschreiben lassen, Kästchen gestalten
Täglich:	Lied singen und Buchstaben fühlen als freies Angebot

Anregungen zur Durchführung

Im Folgenden wird beispielhaft die Einführung der ersten beiden Buchstaben ausführlich vorgestellt. Anschließend geben die *Anregungen für alle Buchstaben in Kurzform* Anstöße zur Gestaltung der einzelnen Buchstaben-Einheiten.

Einführung des ersten Buchstabens (A/a)

Material: Tafel oder Plakat, Kreide oder dicker Filzstift, farbige A-Seite der Geschichte, farbige A-Seite der Anlaute, A-Hohlbuchstaben (für jedes Kind eine Kopie, seitlich gelocht), viele Farbstifte, Ordner der Kinder (mit Namen beschriftet, in jedem Ordner sind die Kopien der A-Geschichte und der A-Anlaute schon eingeheftet), Fühl-Buchstaben (A/a), CD-Player, CD mit klassischer oder Meditations-Musik, Zeitschriften, Kataloge, Scheren und Kleber

Vorlesen der Geschichte

Die Vorschulkinder setzen sich im Kreis auf den Boden. Nach einer kurzen Einleitung über das Buchstabenlernen wird der Text des neuen (ersten) Buchstabens (A) vorgelesen:

Lena ist im Kindergarten.
Sie sitzt draußen allein in ihrem Versteck und hat Hunger.
*„**A**!" Lena fällt etwas ein:*
„In meiner Jacke ist ein Stück Schokolade."

Hinweis: Der Buchstabe A steht hier als **Ausdruck** für eine Eingebung, einen Einfall, eine plötzliche Idee, Freude über Problemlösung und wird beim Vorlesen in **Gestik** und **Mimik** durch Heben des Zeigefingers und einen freudigen Gesichtsausdruck verdeutlicht.

Nach dem Vorlesen schauen sich die Kinder das farbige Bild von Lena an. Auf diesem Bild sieht sie fröhlich aus, weil sie einen Einfall für ihr kleines Problem hat: Ein Stück Schokolade gegen den Hunger. Sie hebt den Zeigefinger und sagt gerade „A!"
Die Erzieherin weist auf das kleine und das große A auf dem Blatt hin und erklärt, dass „A" als ein großes und ein kleines „a" geschrieben werden kann.

Erlebnis

A – Ich habe eine Idee!

In der Kreismitte liegt ein Blatt mit beiden A/a-Hohlbuchstaben, damit sie während des Erlebens sichtbar sind.
Die Erzieherin erläutert (mit ihren eigenen Worten), dass wir jeden Tag Schwierigkeiten haben. Manchmal sind es große Probleme und manchmal nur kleine Schwierigkeiten. Wenn uns eine Lösung einfällt, freuen wir uns und können wie Lena „A" sagen (Zeigefinger heben, fröhlich).
Die Erzieherin erzählt, dass die Kinder beim Buchstabenlernen Blätter erhalten. Sie überlegt, was sie tun kann, damit die vielen Blätter nicht durcheinander fliegen und verloren gehen und fragt die Kinder: *„Habt ihr vielleicht eine Idee?"*
Wenn ein Kind sagt, die Blätter könnten in einem Ordner gesammelt werden, wird die Idee (mit Lautgebärde) wiederholt: *„A! Die Blätter können in einem Ordner gesammelt werden."* Dabei sollten möglichst alle Kinder das „A" mit der Lautgebärde mitsprechen. Alle Kinder holen sich einen Ordner und bringen ihn in den Kreis.
Es folgen weitere kleine **Schwierigkeiten/Fragen** und **Lösungsideen**, die gleich von den Kindern durchgeführt werden (sofern sie dazu die passenden Lösungen finden). Wichtig ist, jedes Mal zur Idee ein fröhliches „A" mit Lautgebärde zu sprechen.
Ein „Feststeller" im Ordner hält die Blätter fest. Wie kann er gelöst werden?
Idee: Draufdrücken
Alle sprechen durcheinander, keiner kann verstanden werden.
Idee: Melden, wie in der Schule.
Wie kann ein Blatt eingeheftet werden?
Idee: Am Hebel öffnen (Hebel hoch)
Wie wird das Herausfallen des Blattes verhindert?
Idee: Hebel schließen (Hebel runter)
Wie kann ein neues Blatt in der richtigen Reihenfolge eingeheftet werden, also *hinter* die vorhandenen Blätter?
Idee: Die vorhandenen Blätter vorsichtig nach links, dann den Hebel öffnen, neues Blatt einheften, Hebel schließen, alle Blätter nach rechts
Wie werden die Blätter festgehalten?
Idee: Wieder auf den „Feststeller" drücken.
Die Ordner brauchen wir erst später. Wo sollen sie solange hin?
Idee: In ein Regal stellen
Hinweis: Das Ordner-Handling wird nebenbei geübt; nach einigen Tagen können es die Kinder selbstständig.

Erweiterung:
Fragen Sie die Kinder, ob sie schon einmal eine Schwierigkeit hatten und dann – wie Lena – einen Einfall, eine Idee, mit der sie das Problem oder die Schwierigkeit gelöst haben. Den Einfall für die Problemlösung, den ein Kind erzählt hat, kurz zusammenfassen, dabei „A!" sagen beim Einfall der Problemlösung (mit entsprechender Gestik und Mimik, s. o.). Dieses „A" gemeinsam mit den Kindern wiederholen.

Tasten des Fühlbuchstabens

Der „A"-Fühlbuchstabe wird gezeigt; die Erzieherin fühlt den Buchstaben mit zwei Fingern und gibt ihn im Kreis herum. Ebenso wird beim kleinen „a" vorgegangen, aber in die andere Kreisrichtung. Jedes Kind fühlt den Buchstaben und gibt ihn weiter. Wenn alle Kinder gefühlt haben, halten zwei Kinder die Buchstaben in der Hand.

Lied singen

Jetzt wird die erste Strophe des Liedes (⇨ *Das Lied von Lena und Xi,* S. 185) erst vorgesprochen, dann gemeinsam wiederholt und anschließend gesungen:

Probleme groß, Probleme klein,
meist fällt mir eine Lösung ein.
Hier ist das A, hier ist A,
das große und das kleine.

Beim Singen von „*das große*" und „*das kleine*" halten die Kinder den jeweiligen Fühlbuchstaben hoch. Die Strophe wird zwei bis drei Mal wiederholt.

Anlaut-Wörter „lesen"

Nach dem Singen zeigt die Erzieherin die (farbige) Seite mit den Anlaut-Wörtern.
Sie erklärt, dass alle Wörter auf dieser Seite mit einem „A" beginnen.
Die Kinder melden sich beim „Lesen" der drei Bilder: Arm – Ast – Affe.
Die Bilder werden spontan richtig „gelesen".

Buchstaben schreiben

Nun werden die Kopien mit den A/a-Hohlbuchstaben (⇨ S. 125) im Kreis weitergegeben und viele Farbstifte verteilt. Die Kinder fahren die Schreibform entsprechend der Schreibrichtung mit dem Zeigefinger nach und schreiben mit 10 verschiedenen Farben die Buchstaben.

Sind alle Kinder fertig, nehmen sie ihre Ordner und verteilen sich im Raum. Sie heften das Blatt mit den geschriebenen A-Buchstaben ab.

Anlaut-Wörter gestalten

Die Kinder schlagen in ihrem Ordner die Seite mit den A-Anlauten (⇨ Kopiervorlage S. 67) auf und überlegen sich ein „eigenes Wort", das mit „A" anfängt.

Die Kinder, die schon ein „eigenes" Anlaut-Wort wissen, melden sich. Die Erzieherin schreibt jedem Kind „sein" Wort neben das leere Kästchen. Meistens fällt den Kindern rasch ein Wort ein. Manche Kinder bestehen darauf, dass sie ein Wort haben, welches kein anderes Kind hat. Wenn ein Kind keinen Anlaut weiß, liest die Erzieherin einige Worte als Auswahl aus der *Wortsammlung* (⇨ *Anregungen für alle Buchstaben in Kurzform*, S. 167) vor. Die Kinder malen ein Bild des Anlaut-Wortes in das Kästchen (oder sie schneiden ein passendes Bild aus und kleben es ein).
Während des Gestaltens läuft klassische Musik. Wer mit dem Kästchen schon fertig ist und möchte, malt die anderen Anlaut-Wörter und/oder das Bild der Geschichte an.
Die Ordner werden wieder ins Regal gestellt, die Farbstifte und Materialien eingeräumt.

Abschluss

Die Erzieherin schreibt auf die Tafel den heute gelernten Buchstaben, das „A". Alle bilden einen Kreis und singen nochmals die heute gelernte Strophe des Buchstabenliedes.

Einführung des zweiten Buchstabens (M/m)

Material: Tafel oder Plakat, Kreide oder dicker Filzstift, farbige M-Seite der Geschichte, farbige M-Seite der Anlaute, M-Hohlbuchstaben (für jedes Kind ein Blatt, seitlich gelocht), viele Farbstifte, Ordner der Kinder (in jedem Ordner sind die Kopien der M-Geschichte und der M-Anlaute schon eingeheftet), Fühl-Buchstaben (M/m), CD-Player, CD mit klassischer oder Meditations-Musik, Zeitschriften, Kataloge, Scheren und Kleber, kleine (verpackte) Süßigkeiten (Fruchtgummis ohne Gelatine o. Ä. sowie etwas für Kinder mit Allergie oder Nahrungsunverträglichkeit), Foto der Mutter

Wiederholung der Geschichte

Die Vorschulkinder setzen sich im Kreis auf den Boden.
Die bisherige Geschichte wird kurz wiederholt – jeweils mit der passenden Gestik und Mimik aber ohne das Bild:

„Am Anfang sitzt Lena im Kindergarten im Versteck. Sie hat Hunger. Da fällt ihr etwas ein: A! Sie hat ein Stück Schokolade!"
Ein Kind zeigt auf der Tafel den Buchstaben A.
(⇨ Kurzfassung der Geschichte, S. 184)

Vorlesen der Geschichte

Der Text des neuen Buchstabens (M) wird vorgelesen:

*„**M**" – Die Schokolade schmeckt gut.*
genießerisch mit der Hand auf- und abwärts (ähnlich dem Buchstaben M) über den Bauch streichen
Lena freut sich auf den Nachmittag.
Es gibt Torte. Mama hat heute Geburtstag.

Nach dem Vorlesen schauen sich die Kinder das farbige Bild von Lena an. Das Mädchen reibt sich voll Wohlbehagen den Bauch und sagt gerade genießerisch: „M" Die Erzieherin weist auf das kleine und das große M auf dem Blatt hin.

Das Erlebnis

M – das schmeckt

Material: kleine, verpackte Leckereien (Süßigkeiten; Schokolade, auch Fruchtgummis ohne Gelatine und Süßigkeiten für Kinder mit Allergie oder Nahrungsunverträglichkeit)

In der Kreismitte liegt ein Blatt mit beiden M/m-Hohlbuchstaben, damit sie während des Erlebens sichtbar sind.
Jedes Kind darf sich eine Süßigkeit aussuchen. Gemeinsam essen alle ganz in Ruhe genussvoll ihre Leckerei, sagen dabei mehrmals „Mm" und streichen sich über den Bauch.
Hinweis: Machen Sie keine kreisende Bewegung vor, sondern streichen Sie entsprechend dem Buchstaben „M" auf- und abwärts.

Erweiterung:
Fragen Sie die Kinder nach ihren Lieblingsspeisen und -getränken. Wiederholen Sie mit den Kindern das genannte Gericht mit: „M, das schmeckt (Namen einfügen) besonders gut!"

Tasten der Fühlbuchstaben

Der „M"-Fühlbuchstabe wird gezeigt; die Erzieherin fühlt den Buchstaben und gibt ihn im Kreis herum. Ebenso wird beim kleinen „m" vorgegangen, aber in die andere Kreisrichtung. Jedes Kind fühlt den Buchstaben und gibt ihn weiter. Wenn alle Kinder gefühlt haben, halten zwei Kinder die Buchstaben in der Hand.

Das Lied singen

Jetzt wird die 2. Strophe des Liedes erst vorgesprochen, dann miteinander gesprochen und anschließend gesungen:

M, schmeckt die Schokolade lecker,
gibt es <u>mehr</u> beim Bäcker?
Hier <u>ist</u> das M, hier <u>ist</u> das M,
das <u>groß</u>e und das <u>klei</u>ne.

Beim Singen von „*das große*" und „*das kleine*" halten die Kinder den jeweiligen Fühlbuchstaben hoch. Die Strophe wird zwei bis drei Mal wiederholt.

Anlaut-Wörter „lesen"

Nach dem Singen zeigt die Erzieherin die farbige Seite mit den Anlauten. Sie erklärt, dass alle Wörter auf dieser Seite mit einem „M" beginnen; und dass in das obere, leere Kästchen später das mitgebrachte Foto gehört. Das erste Wort heißt: „Mama". Die Kinder melden sich beim „Lesen" der weiteren Bilder: Mund – Mond.

Buchstaben schreiben

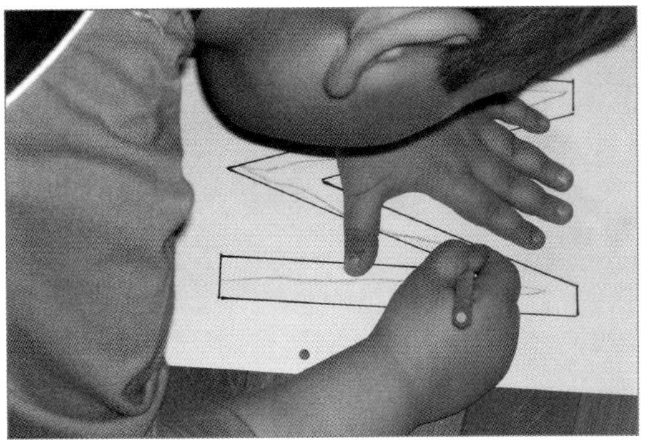

Nun werden die Kopien der *M/m-Hohlbuchstaben* im Kreis weitergegeben und die Farbstifte verteilt. Die Kinder fahren die Schreibform entsprechend der gezeigten Schreibrichtung mit dem Zeigefinger nach und schreiben mit 10 verschiedenen Farben die Buchstaben.
Wenn alle Kinder fertig sind, nehmen sie ihre Ordner und heften das Blatt mit den geschriebenen M-Buchstaben ab.

Anlaut-Wörter gestalten

Die Kinder verteilen sich im Raum und schlagen in ihrem Ordner die Seite mit den M-Anlauten auf und überlegen sich ein „eigenes Wort", das mit „M" anfängt. Die Kinder, die schon ein „eigenes" Anlaut-Wort wissen, melden sich und die Erzieherin schreibt jedem Kind sein Wort neben das leere Kästchen. Meistens fällt den Kindern rasch ein Wort ein. Manche Kinder bestehen darauf, dass sie ein Wort haben, welches kein anderes Kind hat. Wenn ein Kind keinen Anlaut weiß, liest die Erzieherin zur Auswahl einige Worte aus der „Wort-Liste" vor. Die Kinder malen den Anlaut in das Kästchen (oder sie schneiden ein passendes Bild aus und kleben es ein). In das obere freie Kästchen neben dem Wort „Mama" wird ein Foto der Mutter eingeklebt.
Während des Gestaltens läuft klassische Musik; eine ruhige Atmosphäre breitet sich aus. Wer

möchte und mit seinem Kästchen schon fertig ist, malt die anderen Anlaut-Wörter und/oder das Bild der Geschichte aus.
Die Ordner werden wieder ins Regal gestellt, die Farbstifte und Materialien eingeräumt.

Abschluss

Die Erzieherin schreibt auf die Tafel zusätzlich zum „A" den heute gelernten Buchstaben, das „M". Alle Kinder bilden einen Kreis und singen nochmals die neu gelernte Strophe.

Anregungen für alle Buchstaben in Kurzform

Für jeden Buchstaben sind in Kurzfassung die folgenden Angaben aufgeführt:

Ausdruck	Sinngebung des Lautes
Mimik, Gestik, Bewegung	die den Ausdruck verdeutlichen
Liedtext	die zum Buchstaben passende Strophe des Buchstabenliedes
Wortsammlung	Kindern, denen kein Anlaut einfällt, können als Hilfestellung einige passende Wörter als Auswahl vorgelesen werden, so können sie sich ein Wort für ihre Anlautseite aussuchen.
Erlebnis	Vorschlag für eine Spielaktion (mit Materialangaben und Variationen), zum eigenen Erleben des jeweiligen Lautes.

A

(⇨ Geschichte von Lena und Xi, S. 7)

Ausdruck: Eingebung, Einfall, plötzliche Idee, Freude über Problemlösung

Mimik/Gestik: Zeigefinger heben, freudiger Gesichtsausdruck

Liedtext:
Probleme groß, Probleme klein,
meist fällt mir eine Lösung ein.
Hier ist das A, hier ist das A,
das große und das kleine.

Wortsammlung: Adler, All, Alu-Folie (Hinweis: Einfach ein Stück Alu-Folie einkleben), Ameise, Ampel, Ananas, Angel, Antenne, Apfel, Apfelsaft, Aprikose, Arzt...
Namen: Amelie, Andrea, Anna, Anne, Angela, Andreas, Aaron, Alexander, Albert, Arne, Achmed ...

Erlebnis: **A– Ich habe eine Idee!**
(⇨ Anleitung S. 161)

M

(⇨ Geschichte von Lena und Xi, S. 9)

Ausdruck: Wohlbehagen und Wohlgeschmack

Mimik/Gestik: Mit der Hand auf dem Bauch reiben
(entsprechend dem „M" auf und ab, nicht kreisen)

Liedtext:
M, schmeckt die Schokolade lecker,
gibt es mehr beim Bäcker?
Hier ist das M, hier ist das M,
das große und das kleine.

Wortsammlung: Maus, Möwe, Melone, Messer, Milch, Müll, Mülleimer, Müsli, Mütze, Mantel, Mut ...
Namen: Maria, Marie, Maja, Mareike, Manuela, Max, Michael, Martin, Markus, Moritz ...

Erlebnis: **M– das schmeckt**
(⇨ Anleitung S. 165)

O

(⇨ *Geschichte von Lena und Xi, S. 11*)

Ausdruck: Erstaunen, Erschrecken, plötzlicher Einfall mit Bedauern
Mimik/Gestik: Beide Hände rechts und links vom Mund; Finger leicht gebogen, Bedauern
Liedtext: *O, dass ich das vergessen muss:*
Für Mama den Geburtstagskuss!
Hier ist das O, hier ist das O,
das große und das kleine.
Wortsammlung: Obst, Obsttorte, Obstsalat, Olive, Omnibus, Onkel, Osterei, Osterhase, Ostern, Osternest, Osterkerze, Orange, Ordner, Ohrring, ...
Namen: Olga, Olivia, Odette, Oliver, Oskar, Otto, Olaf ...

Erlebnis:

O– das habe ich vergessen!

Material: 1 Memory-Spiel mit sehr vielen Kärtchen und Bildern (sehr schwierig)

Vorbereitung: Alle Bildkarten offen auslegen. Die Kinder sehen sich die Bilder kurz an, dann werden alle Karten umgedreht.
Die Spielleitung deckt eine Karte auf und macht vor: „Ich suche nun die Blume." Sie deckt eine (falsche!) Karte auf und sagt mit entsprechender Mimik/Gestik (s. o.): *„O– ich habe vergessen, wo die Blume liegt!"* Sie dreht die falsche Karte wieder um und lässt die Blumen-Karte offen liegen.
Der Reihe nach deckt jedes Kind eine Karte auf.

- Ist das Bild falsch sagt es: *„O, ich habe vergessen, wo ... liegt!"* Es dreht die Karte wieder um.
- Ist das Bild richtig, wird das Karten-Paar aus dem Spiel genommen und das Kind deckt eine neue Karte auf. Es spielt so lange weiter, bis es ein falsches Bild aufdeckt.

U

(⇨ *Geschichte von Lena und Xi, S. 13*)

Ausdruck: Unheimliches Gefühl
Mimik/Gestik: Beide Arme heben, dass sie rechts und links vom Kopf ein U bilden
– mit dunkler/unheimlicher Stimme sprechen
Liedtext: *Klingt auch durchs Tuch ein hohles „U",*
bewahre ich doch meine Ruh'.
Hier ist das U, hier ist das U,
das große und das kleine.
Wortsammlung: Unterhemd, Umhang, Urkunde, Ungeheuer, U-Bahn, Uhu, Urlaub, Umzug, Ufo, U-Boot, Umarmung, Unterschrift, ...
Namen: Ulrike, Ute, Ursula, Ulla, Uschi, Uwe, Urban, Urs, Ulrich, Udo ...

Erlebnis:

U – das ist unheimlich

Material: ein Tuch oder mehrere Tücher (evtl. mit Öffnung für Augen und Mund), evtl. abgedunkelter Raum und Taschenlampen

Die Spielleitung zieht sich ein Tuch über den Kopf und macht vor, wie ein Geist mit dunkler Stimme „U" sagt, dabei hebt sie die Arme (wie ein U).
Alle Kinder, die wollen, dürfen nacheinander „Geist" spielen; auch mehrere Geister gleichzeitig sind möglich.

Achtung! Den Kindern erklären, warum sie nie eine Plastik-Tüte über den Kopf ziehen dürfen.

Erweiterung:
Je nach Alter der Kinder kann das Spiel auch im abgedunkelten Raum stattfinden. Ein „mutiges" Kind erhält eine Taschenlampe und geht vor die Tür. Die Geister verstecken sich im Raum. Das Kind betritt den Raum und leuchtet mit seiner Taschenlampe. Wird ein Geist angeleuchtet, springt er mit einem unheimlichen „U" auf.

W

(⇨ Geschichte von Lena und Xi, S. 15)

Ausdruck: Jemanden erschrecken
Mimik/Gestik: Mit den Händen in Kopfhöhe Fäuste bilden, schnell nach vorne ausstrecken, öffnen/Augen weit aufreißen
Liedtext: *Ich wollte mich verstecken,*
jetzt will ich dich erschrecken.
Hier ist das W, hier ist das W,
das große und das kleine.
Wortsammlung: Würstchen, Wolke, Waffel, Wanne, Wasserhahn, Waschlappen, Walnuss, Wand, ...
Namen: Wiebke, Wilhelmine, Waltraud, Wanda, Wally, Wolfgang, Werner, Wilhelm, Walter, Wladimir ...

Erlebnis:

W – jetzt wirst du dich erschrecken!

Die Spielleitung macht den Kindern das Erschrecken vor: Sie nimmt die Hände in Kopfhöhe zur Faust, streckt plötzlich beide Arme nach vorne aus, reißt die Augen auf, öffnet die Hände und sagt dabei: „W."
Die Kinder proben das Erschrecken. Die Spielleitung setzt sich hin, sagt, dass sie „gemütlich" sitzt, alle Kinder machen gleichzeitig „W" – die Spielleitung „erschrickt".

Erweiterung:
Alle Kinder sitzen „gemütlich" im Kreis. Ein Kind geht in den Kreis und läuft an den anderen vorbei, ohne sie zu beachten. Plötzlich dreht es sich zu einem Kind um. Es streckt beide Arme nach vorne aus, reißt die Augen auf und sagt dabei: „W." Wiederholen.

P

(⇨ Geschichte von Lena und Xi, S. 17)

Ausdruck: Sich über jemanden ärgern, diesem gegenüber aber so tun, als wäre es egal

Mimik/Gestik: Kopf auf eine Seite drehen, Schulter hochziehen – verächtlicher Gesichtsausdruck

Liedtext:
Mir ist's egal, da bleib ich cool.
Das reißt mich wirklich nicht vom Stuhl!
Hier ist das P, hier ist das P,
das große und das kleine.

Wortsammlung: Pudding, Pizza, Puppe, Post, Pinsel, Panter, Punkt, Paket, Palme, Pilz, Pudel ...
Namen: Pauline, Petra, Paula, Pia, Patricia, Peter, Paul, Pascal, Patrick, Philipp ...

Erlebnis:

P – ist mir doch egal!

Sprechen Sie mit den Kindern im Stuhlkreis darüber, ob sie schon einmal selbst Situationen erlebt haben, in denen sie mit „P, ist mir doch egal" reagiert haben, obwohl es ihnen gar nicht egal war.

Erzählen Sie selbst ein einfaches Erlebnis und enden Sie mit dem Satz: „... *und dann habe ich gesagt: ‚P!'"* Legen Sie dabei den Kopf zur Seite, ziehen die Schultern hoch und machen Sie eine verächtliche Miene.

Lassen Sie anschließend die Kinder ihre Geschichten dazu erzählen ... die immer mit einem verächtlichen „P" enden.

Erweiterung:
Die Kinder machen ein Rollenspiel: Ein Kind „ärgert" seinen Nachbarn. Es sagt z. B.: „Ich gehe nachher mit meiner Mama Eis essen und du darfst nicht mit." Das angesprochene Kind zuckt mit den Schultern und antwortet lediglich mit einem verächtlichen „P". Es dreht sich zum Nachbarkind und „ärgert" dieses ...

J

(⇨ Geschichte von Lena und Xi, S. 19)

Ausdruck: Zustimmung, Begeisterung

Mimik/Gestik: Arm nach vorne (aber nicht ganz) ausstrecken, dabei eine Hand zur Faust machen und den Daumen hochhalten – freudiger, zustimmender Gesichtsausdruck

Liedtext:
Ja, gerne gehe ich mit dir,
bring im Büro dich an die Tür.
Hier ist das J, hier ist das J,
das große und das kleine.

Wortsammlung: Jagd, Jagdhorn, Jägerhut, Jagdhütte, Jahrmarkt, Joghurt, Johannisbeere, Judo, Jaguar, Jo-Jo, Jahreszeit, Jasminblüte, Jupiter...
Namen: Johanna, Julia, Jasmin, Jule, Josephine, Jutta, Johannes, Jens, Jonas, Julian, Jürgen, Jakob, Julius,...

Erlebnis:

J– Ja!

Den Kindern (erst allen gleichzeitig, dann einzeln) Fragen stellen, die sie begeistert mit „Ja" beantworten werden. Sie halten jedes Mal den Daumen einer Hand hoch und sagen: „J". Die Fragen beziehen sich z. B. auf Stärken oder Hobbys der einzelnen Kinder:
Wollt ihr Buchstaben lernen? Wollt ihr nach den Sommerferien in die Schule gehen? Magst du Pferde? Magst du Hunde? Isst du gerne Nudeln mit Soße? ...

Erweiterung:
Die Kinder formulieren eigene Fragen und „interviewen" sich gegenseitig. Jede Zustimmung wird mit begeistertem „J" und hochgestrecktem Daumen bestätigt.

N

(⇨ Geschichte von Lena und Xi, S. 21)

Ausdruck: Ablehnung (tief gesprochen: aggressive, nachdrückliche Ablehnung)
Mimik/Gestik: nachdenklich einen Finger an die Nase legen
Liedtext: *Den Finger an die Nase legen,*
nachgedacht: Nein, bin dagegen!
Hier ist das N, hier ist das N,
das große und das kleine.
Wortsammlung: Nudeln, Nachspeise, Nilpferd, Nebel, Nashorn, Nabel, Notruf, Name, Nacht, Nest, Nadel ...
Namen: Nicole, Nadine, Nina, Nele, Natalie, Nils, Nico, Nick, Niklas ...

Erlebnis:

N– nein, das will ich nicht!

Material: kleine Süßigkeit oder Salzbrezel

Jedes Kind nimmt sich eine kleine Süßigkeit oder Salzbrezel, darf sie aber noch nicht essen. Die Spielleitung spielt einen „großen, starken Jungen", der die Süßigkeit haben will. Sie fordert nacheinander alle Kinder auf: *„He, gib mir ... her."* (Süßigkeit/Salzbrezel nennen)
Das angesprochene Kind legt den Finger an die Nase, lautiert während es nachdenkt „N", steht dann auf und sagt laut und deutlich: „Nein!" und isst seine Leckerei selbst auf!

K

(⇨ Geschichte von Lena und Xi, S. 23)

Ausdruck: Lautmalerei für etwas zerbrechen, etwas zertreten
Bewegung: Mit dem Fuß auf den Boden stampfen, als ob man etwas zertreten würde.
Liedtext: *Der Ast am Zaun knackt richtig laut,*
zum Glück hat keiner hergeschaut!
Hier ist das K, hier ist das K,
das große und das kleine.
Wortsammlung: Kerze, Käfer, Kanne, KönigIn, Krone, Kirsche, Knopf, Krokodil, Kugel, Kiste, Käse ...
Namen: Kerstin, Karin, Katharina, Katrin, Klara, Klaus, Kai, Kevin, Kurt, Konrad ...

Erlebnis:

K– knackt der Ast

Material: trockene, leicht zertretbare Äste, evtl. Salzstangen, dünne Aste o. Ä.

Alle Kinder zertreten nacheinander einen Ast. Sie sprechen sofort nach dem Zerbrechen des Astes: „K".

Hinweis: Wenn sich ein Ast nicht leicht zertreten lässt, einen zweiten quer darunter legen.

Erweiterung:
Die Kinder zerbrechen dünne Äste, Salzstangen o. Ä. mit den Händen. Entsprechend lautieren sie das „K" unterschiedlich laut.

T

(⇨ Geschichte von Lena und Xi, S. 25)

Ausdruck: Spucken (ursprünglich: Verachtung)
Bewegung: Den Oberkörper etwas nach vorne bewegen, dabei das Kinn vorstrecken
Liedtext:
Wir sehn der Spucke hinterher,
sie schwimmt bestimmt bis in das Meer!
Hier ist das T, hier ist das T,
das große und das kleine.

Wortsammlung: Tasse, Teller, Tiger, Trommel, Tanne, Topf, Ton, Tintenfisch, Torte, Tante, Tasche, Treppe, Taube, Tausendfüßler, Telefon, Traktor, Träne, Trompete, Tulpe, Turm ...
Namen: Tamara, Tatjana, Tessa, Tony, Tina, Thea, Teresa, Tanja, Tabea, Tobias, Timo, Tim, Tom, Till, Thorsten, Thomas, Theo, Toni, Thilo ...

Erlebnis:

T– Spucke auf Reise

Ort: Brückengeländer (möglichst über einem fließenden Gewässer) oder ein anderes geeignetes Gelände(r), von dem aus Spucken erlaubt und ungefährlich ist (auch im Kiga-Bereich möglich!)

Die Kinder gehen nach draußen und spucken von einem Geländer aus nach unten (entweder alle gleichzeitig oder jeweils zwei Kinder gleichzeitig).
Hinweis: Weisen Sie die Kinder darauf hin, dass sie beim Spucken „T" sprechen; dafür brauchen sie weniger Spucke als normalerweise.

Au

(⇨ Geschichte von Lena und Xi, S. 27)

Ausdruck: Schmerz
Mimik/Gestik: Hand „ausschütteln" – schmerzverzerrtes Gesicht
Liedtext: *Ausgerutscht und hingefallen,*
das tut weh, so geht's uns allen.
Hier ist das Au, hier ist das Au,
das große und das kleine.
Wortsammlung: Auflauf, Ausweis, Augenbraue, Aufkleber, Ausflug, Auspuff, Autositz, Autoreifen, Autobahn ...
Namen: Aurelia, Augustine, August ...

Erlebnis:

Au – das tut weh!

Die Kinder bewegen sich frei im Raum. Sobald die Spielleitung z. B. „Stein", „Bananenschale", „Hundehaufen" ... ruft, stoppen alle Kinder und lassen sich fallen oder legen sich auf den Boden, als ob sie hingefallen wären, und sagen mit „schmerzverzerrtem" Gesicht: „Au." **Achtung:** Nicht übertreiben, die Kinder sollen sich nicht wirklich verletzen!

Variation: Die Kinder zwicken sich selbst leicht in den Arm und erleben: „Au!"

I

(⇨ Geschichte von Lena und Xi, S. 29)

Ausdruck: Ekel
Mimik, Gestik, Bewegung: Oberkörper nach hinten bewegen – Ekel im Gesicht ausdrücken: Nase rümpfen und die Oberlippe hochziehen, während die Mundwinkel nach unten gehen
Liedtext: *Igitt, am Schuh den Hundedreck,*
den wasch ich in der Pfütze weg.
Hier ist das I, hier ist das I,
das große und das kleine.
Wortsammlung: Insel, Iglu, Indianerin, Inder(in), Ingwer(-Wurzel), Iltis, Inliner, Illustrierte, Industrie, Insekt ...
Namen: Irene, Ingrid, Ivonne, Isabel, Inge, Ingo, Iwan, Ibrahim ...

Erlebnis:

I – wie eklig!!!

Material: stark riechender Käse, welcher einige Tage gut verschlossen außerhalb des Kühlschranks aufbewahrt wurde
für Variation: Nachbildung eines Hundehaufens aus brauner Knete, Sandsäckchen o. Ä.

Die Kinder riechen den stinkenden Käse und erleben direkt Ekel: „I!"

Variation: Nacheinander treten die Kinder in die Nachbildungen eines Hundehaufens und drücken dabei Ekel aus: „I!"

D

(⇨ *Geschichte von Lena und Xi, S. 31)*

Ausdruck: (von mir ausgehend) auf etwas/jemanden hinweisen; ich will jemandem etwas zeigen

Gestik, Bewegung: Den Oberkörper und einen Arm mit ausgestrecktem Zeigefinger nach vorne bewegen.

Liedtext: *Ich zeig dir mit dem Finger was,*
schau mal: da, dort, der, die, das!
Hier ist das D, hier ist das D,
das große und das kleine.

Wortsammlung: Dackel, Drei, Decke, Dame, Dampf, Dattel, Deckel, Delfin, Dorf, Drei, Decke
Namen: Diana, Daniela, Denise, Doris, Dorothea, Dagmar, Daniel, Dennis, David, Dieter, Dominik ...

Erlebnis:

D– Da ist etwas!

Material: 1 Wecker

Die Kinder schließen ihre Augen. Ein Wecker wird im Raum versteckt. Wenn er klingelt, zeigen die Kinder mit dem Finger in die Richtung, aus der sie das Klingeln gehört haben, und sprechen „D". (mehrmals wiederholen)

Hinweis: Falls ein Kind ständig in die falsche Richtung zeigt, sollte das Richtungshören überprüft werden.

E

(⇨ *Geschichte von Lena und Xi, S. 33)*

Ausdruck: Jemanden rufen, zurechtweisen, auf sich/etwas aufmerksam machen

Gestik, Mimik, Bewegung: Arme verschränken, den Kopf leicht nach hinten legen, dabei das Kinn schnell nach vorne schieben und Augenbrauen hochziehen

Liedtext: *E, halt, das könnte euch so passen!*
Hier wird keiner durchgelassen!
Hier ist das E, hier ist das E,
das große und das kleine.

Wortsammlung: Esel, Essen, Eltern, Engel, Erbsen, Erde, Elch, Elster, Erdnuss, Emu, Essig ...
Namen: Elke, Emma, Emily, Elisabeth, Eva, Erika, Erik, Elias, Ernst, Emil, Ercan ...

Hinweis: Die Kinder auf genaues Hören hinweisen, denn „E" wird unterschiedlich ausgesprochen: „E" wie „Elefant" oder „E" wie „Ente"...

Erlebnis:

E– du kommst hier nicht rein!

Alle Kinder gehen vor die Tür. Nacheinander sind je zwei Kinder „Wächter" bzw. „Türsteher" und lassen zwei andere Kinder, die so tun, als ob sie hinein wollen, nicht in den Raum: *„E– ihr kommt hier nicht rein!"*

Die beiden Kinder, die nicht hineingelassen wurden, sind anschließend die nächsten „Wächter".

H

(⇨ Geschichte von Lena und Xi, S. 35)

Ausdruck: nicht verstehen, nachfragen

Gestik, Mimik, Bewegung: Eine Hand ans Ohr, Kopf leicht zur Seite neigen, fragender Gesichtsausdruck

Liedtext:
Was sagtest du, wen willst du fragen?
Kannst du's noch mal lauter sagen?
Hier ist das H, hier ist das H,
das große und das kleine.

Wortsammlung: Hut, Hose, Hase, Huhn, Hahn, Herz, Handschuhe, Helm, Hemd, Honig, Hammer ...

Namen: Helga, Hannah, Hilde, Heidi, Heike, Hildegard, Hans, Harald, Harry, Helmut, Henrik, Hugo ...

Erlebnis:

H– Hast du was gesagt?

Die Kinder sitzen im Kreis. Dem ersten Kind wird leise ein Satz ins Ohr geflüstert. Es fragt: „H?" und gibt den Satz, so wie es ihn verstanden hat, an das nächste Kind weiter. Das letzte Kind fragt auch „H?" und sagt laut, was es verstanden hat.

Hinweis: Mit den Kindern darüber sprechen, dass „H?" ein umgangssprachlicher Ausdruck von „Nicht-Verstanden-Haben" ist, aber aus Höflichkeit besser „Wie bitte?" gefragt wird.

S

(⇨ Geschichte von Lena und Xi, S. 37)

Ausdruck: Jemanden warnen, drohende Gefahr, Alarmbereitschaft

Mimik/Bewegung: Kopf von rechts oben S-förmig nach links unten bewegen/suchend

Liedtext:
Ich höre was, hörst du es auch?
Ich fühle Angst in meinem Bauch.
Hier ist das S, hier ist das S,
das große und das kleine.

Wortsammlung: Sand, Sieb, Seife, Salat, Sofa, Sessel, Sahne, Salz, Sauerkraut, Saft, See, Seil ...

Namen: Sophie, Sabine, Susanne, Stefanie, Sandra, Silke, Sonja, Stefan, Sebastian, Sascha, Simon ...

Erlebnis:

S– Summ, summ, summ

Alle Kinder schwirren als „Fliegen" mit ausgebreiteten Armen im Slalom durch den Raum und achten darauf, nirgends anzustoßen: „S".

Variation: Die Kinder bewegen sich frei im Raum. Ein Kind ist die „Mücke" und fliegt mit ausgebreiteten Armen und dauerhaftem „Ssss" hinter den Kindern her. Das Kind, das von ihr gestochen (berührt) wurde, wird zur nächsten Mücke ...

Ei

(⇨ Geschichte von Lena und Xi, S. 39)

Ausdruck: Zärtlichkeit, streicheln, liebkosen
Mimik/Gestik: Mit der Hand zart über die eigene Backe streichen, Kopf leicht geneigt/ aufmerksam
Liedtext: *Ei, du, verliere nicht den Mut.*
Spür meine Hand, dann wird es gut!
Hier ist das Ei, hier ist das Ei,
das große und das kleine.
Wortsammlung: Eimer, Eisbecher, Eichhörnchen, Eidechse, Eierbecher, Eierkarton, Eiche, Einhorn,
Namen: Eike, Eiko, Einar, Einhard, ...

Erlebnis:
Ei– Ich tröste dich

Material: rote und blaue Armbändchen (rote und blaue Wollfäden, die so geknotet sind, dass sie sich leicht über den Arm streifen lassen), die Gesamt-Anzahl der Bändchen entspricht der Anzahl der Kinder

Jeweils zwei Kinder sitzen sich gegenüber. Alle Zweier-Gruppen erhalten ein blaues und ein rotes Band. Die Kinder streifen sich jeweils ein Band über das Handgelenk. Die Kinder mit den roten Bändern spielen Lena, die verzweifelt ist. Die Kinder mit den blauen Bändern spielen Xi, der Lena tröstend über die Backe streicht: „Ei". Danach tauschen „Lena und Xi" jeweils ihre Bänder und die Rollen.

Hinweis: Kinder, die nicht berührt werden wollen, streichen sich selbst über die Backe.

F

(⇨ Geschichte von Lena und Xi, S. 41)

Ausdruck: Erleichterung, etwas „geschafft" haben; auch: Luft(-strom) erzeugen
Mimik/Bewegung: Oberkörper aufrichten, dabei tief Luft holen, ausatmend „ffff" sprechen, zusammensinken
Liedtext: *Geschafft, geschafft, das ist die Tür,*
geschafft, geschafft, jetzt sind wir hier!
Hier ist das F, hier ist das F,
das große und das kleine.
Wortsammlung: Faden, Fahrrad, Fass, Flasche, Feder, Fenster, Frosch, Fahne, Fußball, Feuer, Fuchs, Flöte ...
Namen: Frieda, Franziska, Fiona, Friederike, Fatima, Fynn, Florian, Felix, Fabian, Frederik ...

Erlebnis:

F– Geschafft!

Jedes Kind spricht ein für es schwieriges Wort oder einen schwierigen Satz (die Kinder wählen zwischen selbst ausdenken oder nachsprechen). Wenn es „geschafft" ist, drücken sie ihre Erleichterung aus: „Ffff ..."

Variationen:

- Zungenbrecher („Wenn hinter Fliegen Fliegen fliegen, fliegen Fliegen Fliegen nach." oder: „In Ulm und um Ulm und um Ulm herum." oder: „Blaukraut bleibt Blaukraut und Brautkleid bleibt Brautkleid!" ...)
- Kinder mit Migrationshintergrund nennen ein schwieriges Wort aus ihrer Muttersprache, welches die anderen Kinder nachsprechen.

Hinweis: Ermöglichen Sie durch unterschiedliche Schwierigkeitsgrade jedem Kind seine Erfolgserlebnisse.

B

(⇨ Geschichte von Lena und Xi, S. 43)

Ausdruck: Plötzliche Kälte, Schauer, „Gänsehaut"

Bewegung: Schultern eng zusammenziehen, „erschauern" – Kopf leicht schütteln

Liedtext:
Der Lena wird ganz kalt, sie schaut:
An ihrem Arm ist Gänsehaut.
Hier ist das B, hier ist das B,
das große und das kleine.

Wortsammlung: Bach, Bank, Blume, Brot, Bus, Brief, Baum, Blatt, Boot, Blatt, Berg, Bär ...
Namen: Bärbel, Barbara, Birgit, Britta, Brigitte, Bianca, Bettina, Bastian, Bernd, Benjamin, Benedikt, Björn, Ben...

Erlebnis:

B– Mir ist kalt!

Material: kleine Eisstücke
(Eiswürfel; kein Speiseeis)

Alle Kinder nehmen ein Stückchen Eis in die Hand und streichen es über ihren Arm. Dies erzeugt Kälte, Schauer, Gänsehaut: „B ..."
Die Kinder schauen nach, ob auf den Armen Gänsehaut sichtbar ist.

Variationen:

- Den Kindern ein kleines Stück Eis den Rücken hinunterlaufen lassen: Dies erzeugt Kälte, Schauer, Gänsehaut: „B ..."
- Wenn es draußen kalt ist, gehen die Kinder kurz ohne Jacke hinaus, um die Kälte hautnah zu spüren. Alle Kinder ziehen gleichzeitig ihre Schultern und Arme nach vorne eng zusammen, schütteln leicht den Kopf und sagen dabei mehrmals: „B, b, b ..."

G

(⇨ Geschichte von Lena und Xi, S. 45)

Ausdruck: Lautmalerei für Gluckern, Trinken
Gestik/Bewegung: Hals und Kopf nach leicht nach hinten neigen, die Hand so vor den Mund halten, als würde aus einer Flasche getrunken.
Liedtext: *Trink ich vom Wasser einen Schluck,*
so macht's in meiner Kehle „Gluck".
Hier ist das G, hier ist das G,
das große und das kleine.
Wortsammlung: Gans, Geschirr, Glas, Geld, Gelb, Glocke, Giraffe, Gras, Gitarre, Gesicht, Gummibärchen ...
Namen: Gabi, Gerda, Greta, Gabriele, Gisela, Georg, Günther, Gerhard, Gabriel ...

Erlebnis:

G– Gluck, gluck, gluck

Material für die Erweiterung: Drei unterschiedliche Flaschen, mit Leitungswasser gefüllt (z. B. Mineralwasserflasche, bauchige Bierflasche, bauchige Weinflasche– Portweinflasche oder „Boxbeutel"), ein großes Trinkglas, ein Trichter (um das Wasser aus dem Glas wieder in die Flasche zu füllen), ein Putzlappen

Die Kinder „trinken" gleichzeitig aus einer imaginären Flasche: „G".
Sie erproben das Aussprechen von „G" auf unterschiedliche Arten, dabei können sie sich auch beim Lautieren von „G" einmal leicht an ihre Kehle greifen und spüren, was sich beim Sprechen von „G" bewegt. Jedes Kind lautiert einmal allein: „G"

Erweiterung:
Ein Experiment ermöglicht das Hören des Gluckerns: Alle Kinder gießen nacheinander langsam etwas Wasser aus einer der Flaschen in ein Glas (Flasche kurz kippen). Alle hören genau hin und unterhalten sich über das Gehörte: Bei welcher Flasche war das Gluckern besonders deutlich zu hören? Ist es auch noch hörbar, wenn die Flasche schon fast leer ist?
Hinweis: Bei bauchigen Flaschen erzeugt der– dem Auslaufen der Flüssigkeit – folgende Luftstrom das angestrebte Glucker-Geräusch!

Z

(⇨ Geschichte von Lena und Xi, S. 47)

Ausdruck: Lautmalerei für Zischen
Gestik: Geste, als ob eine Flasche aufgedreht wird
Liedtext: *Der frische Sprudel zischt ins Glas.*
Ein kühler Schluck– wie gut tut das!
Hier ist das Z, hier ist das Z,
das große und das kleine.
Wortsammlung: Zelt, Zopf, Zange, Zeit, Zebra, Zebra-Streifen, Zug, Zitrone, Zwetschge, Zimt, Zoo, Zirkus, Zaun, Zauberer, Zauberstab, Zauberhut, Zylinder ...
Namen: Zoe, Zora, Zenzi, Zita, Zaida, Zacharias ...

Erlebnis:

Z– Die Flasche zischt

Material: 1 Flasche Mineralwasser mit Kohlensäure, 1 Putzlappen

Alle Kinder öffnen nacheinander den Schraubverschluss der Wasserflasche, hören und sprechen dann: „Z". Sie schließen die Flasche wieder und schütteln sie etwas, damit es beim nächsten Öffnen nochmals zischt.

Hinweis: Wenn etwas Wasser herausspritzt, macht es mehr Spaß!

R

(⇨ *Geschichte von Lena und Xi, S. 49)*

Ausdruck: Rollen, Freude am Sprechen, am sich ausdrücken; auch: Aggression

Gestik: Mit dem Zeigefinger eine rollende Bewegung vor dem Mund machen

Liedtext:
Die Räder rollen, sie sind rund,
und R, das rollt aus meinem Mund.
Hier ist das R, hier ist das R,
das große und das kleine.

Wortsammlung: Rot, Radiergummi, Rechen, Rübe, Rabe, Radio, Radieschen, Rakete, Regen, Regenbogen, Reh, Reifen, Rentier, Rind, Ritter, Robbe, Rosine, Roboter, Rucksack ...
Namen: Ruth, Renate, Regina, Rachel, Ronja, Ramona, Renita, Rebekka, Rita, Roswitha, René, Raphael, Richard, Robert, Ralf, Raoul, Robin, Ron, Roland, Rudi, Rufus ...

Erlebnis:

R– So rollt das R

Material: für jedes Kind 1 Becher (möglichst unzerbrechlich), Krug mit Wasser

Alle Kinder nehmen sich einen Becher. Sie füllen etwas Wasser hinein und gurgeln: „R ..."

Variationen:

- Die Kinder gurgeln in verschiedenen Tonlagen; so lange wie möglich ...
- Ein Kind gurgelt eine Melodie, die anderen raten das Lied ...

Sch

(⇨ Geschichte von Lena und Xi, S. 51)

Ausdruck: für Ruhe sorgen

Mimik/Gestik: Den Zeigefinger vor den Mund halten, aber nicht berühren – Augenbrauen hochziehen – „streng" schauen

Liedtext:
Sch, lasst jetzt mal das Gurgeln sein,
ich glaube, jemand will herein!
Hier ist das Sch, hier ist das Sch,
das große und das kleine.

Wortsammlung: Schiff, Schule, Schaf, Schal, Schnee, Schirm, Schüssel, Schlüssel, Schnecke, Schlange, Schaukel, Schere, Schwamm, Schach, Schalter, Schmuck, Schloss, Schmetterling, Schnur, Schrift, Schreibtisch, Schweiz ...

Erlebnis:

Sch – seid doch mal alle leise!

Die Kinder sitzen im Kreis und reden alle durcheinander. Ein Kind stellt sich hin und lautiert (mit Geste): „Sch". Sofort müssen alle anderen ganz still sein. Nacheinander darf jedes Kind einmal stehen und „Sch" befehlen.

Ä, Ü, Ö

(⇨ Geschichte von Lena und Xi, S. 53)

Ausdruck Ä: Verlegenheit

Mimik/Bewegung: Kopf leicht neigen – verlegener, nachdenklicher Gesichtsausdruck (Hinweis: Nur beim Vorlesen wichtig)

Liedtext:
„Ä" sagt der Xi, „Ä" macht der Mann;
das ist ein Spiel, das ich schon kann.
Hier ist das Ä, hier ist das Ä,
das große und das kleine.

„Ü" sagt der Xi, „Ü" macht der Mann;
das ist ein Spiel, das ich schon kann.
Hier ist das Ü ...

„Ö" sagt der Xi, „Ö" macht der Mann;
das ist ein Spiel, das ich schon kann.
Hier ist das Ö ...

Erlebnis:

Ä, Ü oder Ö?

Material: Bewegungsmusik, Hohlbuchstaben Ä, Ü, Ö

Vorbereitung: Die Spielleitung erklärt, dass die Buchstaben Ä, Ü und Ö den schon gelernten Buchstaben A, U und O ähnlich sind. Sie sehen ähnlich aus, haben aber oben noch zwei Punkte. (Diese Punkte auf den Hohlbuchstaben zeigen, die wie immer in der Kreismitte liegen). Sie hören sich ähnlich an, sind aber doch unterschiedlich: Die Kinder achten auf die Mundstellung, wenn die einzelnen Buchstaben A – Ä, U – Ü und O – Ö deutlich ausgesprochen werden.

Sie sagen entweder „Ä" oder „Ü" oder „Ö" vor, die Kinder hören genau hin und wiederholen den gesagten Laut. Ein Kind zeigt jeweils auf den richtigen Hohlbuchstaben.

Nun legen Sie die Hohlbuchstaben an drei Stellen im Raum aus.
Die Kinder bewegen sich frei zur Musik. Sobald die Musik gestoppt wird, spricht die Spielleitung deutlich „Ä", „Ü" oder „Ö". Die Kinder gehen schnell zum richtigen Hohlbuchstaben.
Sind alle Kinder angekommen, beginnt die Musik wieder von Neuem ...

Qu

(⇨ Geschichte von Lena und Xi, S. 55)

Ausdruck: Lautmalerei für Geräusche beim Hervorquellen von Wasser, „quabbeln und glibbern" („kw"; zusammengesetzter Laut)

Liedtext:
Wie Quark so quicklebendig quabbelt,
wenn er in die Schüssel schwabbelt.
Hier ist das Qu, hier ist das Qu,
das große und das kleine.

Wortsammlung: Quelle, Quadrat, Quartett, Quiz, Quirl, Quellwolke, Querflöte, Querstrich, Quitte, Quatsch, Quittung, Quietschente, Quaddel ...

Erlebnis:

Qu– Wie das quabbelt!

Material: Schüssel mit Quark, der mit Wasser angerührt wurde, Schöpfkelle
für Variation: große Schüssel mit Wackelpudding (billig, farbig), Löffel oder Eis-Portionierer

Die Kinder nehmen nacheinander mit einer Kelle Quark aus der Schüssel und lassen ihn wieder hineinfallen. Kurz nach dem Geräusch des Aufpralls sprechen sie: „Kw"

Variationen:

- Jedes Kind formt sich mit einem kleinen Löffel oder einem Eis-Portionierer aus Wackelpudding eine quabbelige „Qualle" auf der Hand. Wird diese bewegt, sprechen die Kinder dazu: „Kw ..."
- Die Kinder klatschen mit einem Löffel an den Quark oder an den Wackelpudding. Sie hören, ob dieses Quabbeln nach „kw" klingt.

X

(⇨ Geschichte von Lena und Xi, S. 57)

Ausdruck: (ks; zusammengesetzter Laut), hier geht es um das Erleben der Form
Gestik/Bewegung: Die Zeigefinger werden schräg überkreuzt vor den Körper gehalten
Liedtext: *Zuhause Chi – hier einfach Xi,*
denk an ein „X", sonst lernst du's nie!
Hier ist das X, hier ist das X,
das große und das kleine.
Wortsammlung: Achtung: Wörter, mit „x" in der Mitte: Hexe, Axt, Mixer, Taxi, Lexikon ...
Namen: Xenia, Xaver, Xerxes ...
Hinweis: Auf der Anlaut-Seite weist das Ausrufezeichen im Dreieck auf den Buchstaben **im** Wort hin

Erlebnis:

X– so sieht es aus

Alle Kinder kreuzen gleichzeitig die Zeigefinger und lautieren dabei: „X".
Die Erzieherin fragt die Kinder nach weiteren Möglichkeiten, wie ein „X" dargestellt werden kann.
Wer einen Vorschlag hat, macht es vor, die anderen machen es nach.
Sie kreuzen z. B. die Arme, beide Daumen, die Handflächen, stehend die Beine, im Sitzen die Unterschenkel, zwei Stifte, zwei Besenstiele, Mittel- und Zeigefinger einer Hand ...

Ch

(⇨ Geschichte von Lena und Xi, S. 59)

Ausdruck: Schlafen
Gestik, Mimik, Bewegung: Hände flach aufeinander legen, Kopf darauf „legen"– Augen schließen
Liedtext: *Nach so viel Angst und Freude ruht*
heut' Nacht die Lena wirklich gut.
Hier ist das Ch, hier ist das Ch,
das große und das kleine.
Wortsammlung: Chef, Chefin, Chinese, Chinesin, China, Chip (für Einkaufswagen), Chemie, Chamäleon ...
Namen: Christina, Christine, Christiane, Chiara, Charlotte, Christa, Cheyenne, Christian, Christopher, Charles ...
Hinweise: Auf der Anlaut-Seite weist das Ausrufezeichen im Dreieck auf den Buchstaben **im** Wort hin
Die Kinder auf genaues Hören und auf die Besonderheit hinweisen, dass die Buchstaben „Ch" unterschiedlich ausgesprochen werden : „Ch" wie „**Ch**ips" oder „ch" wie in Ku**ch**en oder „K" wie **Ch**or ...

Erlebnis:

Ch– Heut' schlaf ich gut!

Material: Kissen

Ein Kissen wird reihum gegeben. Jedes Kind legt den Kopf darauf und „schläft": „Ch"

Eu

(⇨ Geschichte von Lena und Xi, S. 61)

Ausdruck: Freude, Erstaunen, Bewunderung
Mimik: Bewunderung und Erstaunen ausdrücken
Liedtext: *Eu, wie mich am Geburtstag heut'*
das Bild von deiner Eule freut!
Hier ist das Eu, hier ist das Eu,
das große und das kleine.
Wortsammlung: Euter, Europa (-Flagge), Eulen-Nest, Eulenspiegel
Achtung: Wörter mit „eu" in der Mitte: Freund, Freundin, Freunde, Beute, Heu ...
Hinweis: Auf der Anlaut-Seite weist das Ausrufezeichen im Dreieck auf den Buchstaben **im** Wort hin

Erlebnis:

Eu– Das ist schön!

Material: farbiger Bildband (mehrere Fotos, z. B. Tierfotos)

Die Kinder sitzen im Kreis. Die Spielleitung gibt einem Kind den Bildband. Es blättert in dem Buch. Sobald es ein Bild entdeckt, das ihm besonders gut gefällt, zeigt es das Bild den anderen und sagt dazu bewundernd: „Eu, das ist schön!" Jetzt ist das Nachbarkind ist an der Reihe ...

L

(⇨ Geschichte von Lena und Xi, S. 63)

Ausdruck: Freude, Singen
Gestik, Mimik, Bewegung: „Dirigieren" mit zwei Händen / Freude
Liedtext: *Glücklich singt die Lena jetzt*
ein Lied für das Geburtstagsfest.
Hier ist das L, hier ist das L,
das große und das kleine.
Wortsammlung: Löffel, Lampe, LehrerIn, Lippe, Lutscher, Licht, Löwe, Lineal, Lupe, Lampion, Libelle, Luftpumpe, Lama, Lenker ...
Namen: Lisa, Laura, Lina, Lea, Lilli, Leonie, Lara, Luise, Lars, Lukas, Luca, Leon, Lennart, Louis, Ludwig, Lasse ...

Erlebnis:

L, l, l – Ich singe froh

Die Kinder bringen gemeinsam ein oder mehrere (Geburtstags-)Ständchen, z. B. „Happy birthday". Ein Kind ist das „Geburtstagskind". Es darf sich eine Melodie wünschen und dirigieren, die anderen lautieren dazu: „L ..."
Hinweis: Nicht „la-la-la...", sondern auch hier lautieren!

Anhang

Kurzfassung der Geschichte von Lena und Xi

Wiederholen Sie vor der Einführung eines neuen Buchstaben die bisherige Geschichte von Lena und Xi zum Beispiel mithilfe der folgenden Kurzfassung.

Am Anfang sitzt Lena im Versteck. Sie hat Hunger. Da fällt ihr etwas ein: **A**! Sie hat ein Stück Schokolade!

Sie isst die Schokolade: **M**. Schmeckt gut.

Aber dann fällt ihr ein, dass sie am Morgen vergessen hat, ihrer Mama zum Geburtstag zu gratulieren: O! Jetzt ist Mama bestimmt traurig.

Plötzlich kommt ein kleiner Geist ins Versteck: **U**

Lena kennt ihn und will ihn erschrecken: **W**

Xi sagt, er wäre nicht erschrocken. Lena sagt „doch" und Xi macht: **P**– ist mir egal.

Lena fragt Xi, ob er mitgeht, ihrer Mama zu gratulieren. Xi sagt: **J**

Lena überlegt, ob sie der Erzieherin Bescheid sagen. **N**– nein.

Am Zaun knackt ein Zweig: **K**

Von einer Brücke spucken die Kinder ins Wasser: **T**

Lena fällt hin: **Au**

Sie sieht den Hundehaufen am Schuh: **I**!

Xi fragt: Wie weit ist es noch? Lena weiß es nicht. Da sieht sie das Bürohaus von Mama und zeigt darauf: **D**!

Eine Frau lässt die Kinder nicht ins Haus: **E** – ihr kommt hier nicht rein!

Lena erklärt es, aber die Frau versteht nicht: **H**?

Im Aufzug hören die Kinder etwas: **S** – eine dicke Fliege.

Lena ist verzweifelt, weil sie die richtige Tür nicht findet. Xi tröstet sie: **Ei**

Als sie die richtige Tür entdecken, bläst Lena erleichtert die Luft aus: **F**

Aber Mama ist nicht da. Lena wird ganz kalt: **B**

Xi hat Durst und macht Lena ein Zeichen: **G**

Die Kollegin holt eine Flasche Wasser. Es zischt beim Öffnen: **Z**

Xi zeigt, wie er das „R" gelernt hat. Er gurgelt: **R**

Jemand hat an der Tür geklopft. Die Kinder sollen leise sein: **Sch**

Alle machen ein Spiel und sprechen: **Ä**, **Ü**, **Ö** (und **Qu**)

Xi zeigt, wie sein Name geschrieben wird: **X**

Endlich kommen Lenas Mama und Xi's Papa. Sie nehmen ihre Kinder in die Arme. Mama sagt: „Aber mein Geburtstag ist doch erst morgen!"– In dieser Nacht schläft Lena besonders gut: **Ch**

Am nächsten Morgen schenkt Lena ihrer Mama ein schönes Bild. Mama bewundert es: **Eu**!

Das Lied von Lena und Xi

Melodie: Ein Vogel wollte Hochzeit machen (trad.)
Text: S. Braun und Dr. M. Waldura

Der Refrain entspricht: „Fi-di-ra-la-la ...“ Die jeweiligen Buchstaben werden entsprechend eingesetzt.

(A) Probleme groß, Probleme klein,
meist fällt mir eine Lösung ein.

Refrain:
Hi-er ist das A, hi-er ist das A,
das große und das kleine.

(M) M, schmeckt die Schokolade lecker,
gibt es mehr beim Bä-cker?
Hi-er ist das M ...

(O) O, dass ich das vergessen muss:
Für Mama den Geburtstagskuss!
Hi-er ist das O ...

(U) Klingt auch durchs Tuch ein hohles „U“,
bewahre ich doch meine Ruh’
Hi-er ist das U ...

(W) Ich wollte mich verstecken,
jetzt will ich dich erschrecken.
Hi-er ist das W ...

(P) Mir ist’ s egal, da bleib’ ich cool.
Das reißt mich wirklich nicht vom Stuhl!
Hi-er ist das P ...

(J) Ja, gerne gehe ich mit dir,
bring’ im Büro dich an die Tür.
Hi-er ist das J ...

(N) Den Finger an die Nase legen,
nachgedacht: Nein, bin dagegen!
Hi-er ist das N ...

(K) Der Ast am Zaun knackt richtig laut,
zum Glück hat keiner hergeschaut!
Hi-er ist das K ...

(T) Wir seh’n der Spucke hinterher,
sie schwimmt bestimmt bis in das Meer!
Hi-er ist das T ...

(Au) Ausgerutscht und hingefallen,
das tut weh, so geht’s uns allen.
Hi-er ist das Au ...

(I) Igitt, am Schuh den Hundedreck,
den wasch’ ich in der Pfütze weg.
Hi-er ist das I ...

(D) Ich zeig dir mit dem Finger was,
schau mal: Da, dort, der, die, das!
Hi-er ist das D ...

(E) E, halt, das könnte euch so passen!
Hier wird keiner durchgelassen!
Hi-er ist das E ...

(H) Was sagtest du, wen willst du fragen?
Kannst du's noch mal lauter sagen?
Hi-er ist das H...

(S) Ich höre was, hörst du es auch?
Ich fühle Angst in meinem Bauch.
Hi-er ist das S ...

(Ei) Ei du, verliere nicht den Mut.
Spür' meine Hand, dann wird es gut!
Hi-er ist das Ei ...

(F) Geschafft, geschafft, das ist die Tür,
geschafft, geschafft, jetzt sind wir hier!
Hi-er ist das F ...

(B) Der Lena wird ganz kalt, sie schaut:
An ihrem Arm ist Gänsehaut.
Hi-er ist das B ...

(G) Trink ich vom Wasser einen Schluck,
so macht's in meiner Kehle „Gluck".
Hi-er ist das G ...

(Z) Der frische Sprudel zischt ins Glas.
Ein kühler Schluck– wie gut tut das!
Hi-er ist das Z ...

(R) Die Räder rollen, sie sind rund,
und R, das rollt aus meinem Mund.
Hi-er ist das R ...

(Sch) Sch, lasst jetzt mal das Gurgeln sein,
ich glaube, jemand will herein!
Hi-er ist das Sch ...

(Ä) „Ä" sagt der Xi, „Ä" macht der Mann;
das ist ein Spiel, das ich schon kann.
Hi-er ist das Ä ...

(Ü) „Ü" sagt der Xi, „Ü" macht der Mann;
das ist ein Spiel, das ich schon kann.
Hi-er ist das Ü ...

(Ö) „Ö" sagt der Xi, „Ö" macht der Mann;
das ist ein Spiel, das ich schon kann.
Hi-er ist das Ö ...

(Qu) Wie Quark so quicklebendig quabbelt,
wenn er in die Schüssel schwabbelt.
Hi-er ist das Qu ...

(X) Zuhause Chi– hier einfach Xi,
denk an ein „X", sonst lernst du´s nie!
Hi-er ist das X ...

(Ch) Nach so viel Angst und Freude ruht
Heut' Nacht die Lena wirklich gut.
Hi-er ist das Ch ...

(Eu) Eu, wie mich am Geburtstag heut
das Bild von deiner Eule freut!
Hi-er ist das Eu ...

(L) Glücklich singt die Lena jetzt
ein Lied für das Geburtstagsfest.
Hi-er ist das L ...

Anleitung Fühlbuchstaben

Für die Fühlbuchstaben werden die einzelnen Buchstaben aus Schmirgelpapier („Handschleifbogen", 400er Körnung) auf einen stabilen Untergrund (Holztäfelchen oder feste Pappe) geklebt.

Benötigt werden insgesamt 54 Täfelchen, je nach gewünschter Ausführung aus Holz (11 x 14,5 x 0,5 cm, evtl. vom Schreiner anfertigen lassen) oder fester Pappe (11 x 14,5 x 0,3 cm, z. B. Finnpappe aus dem Fachhandel) für alle Groß- und Kleinbuchstaben von A-Z (außer: V, Y plus: Ä, ä, Ö, ö; Ü, ü) auf je einem Täfelchen.

- Alle Hohlbuchstaben (⇨ S. 124 ff) in gewünschter Größe einmal auf festes Papier kopieren. Für Täfelchen mit dem Maß 11 x 14,5 cm müssen die Vorlagen auf 70 % verkleinert werden.
- Schneiden Sie für die Schablonen alle Buchstaben aus – dabei die Punkte für Ä/ä, Ü/ü und Ö/ö nicht vergessen!
- Legen Sie die Schablonen spiegelverkehrt (!) auf die Unterseite des Schmirgelpapiers und zeichnen Sie die Konturen mit Filzstift nach.
- Die Schmirgelpapier-Buchstaben ausschneiden, mit Holzleim bestreichen und jeweils einen Buchstaben auf die Unterlage (Holztäfelchen/Pappe) kleben und gut trocknen lassen. (Eventuell beim Trocknen beschweren) Tipp: Beim Werken die Buchstaben auf den Stuhl legen, ein Blatt Papier darüber ... und draufsetzen!

Hinweis:

Au/au, Ei/ei, Eu/eu, Ch/ch, Sch/sch können aus vorhandenen Buchstaben kombiniert werden. Wollen Sie diese auch jeweils auf einem Täfelchen anbieten, benötigen Sie 10 weitere Täfelchen.

- Kopieren Sie die Vorlagen dafür etwas kleiner
- oder fertigen Sie etwas größere Täfelchen an.

Elternbrief

Projekt „Erlebnisorientiertes Buchstabenlernen"

Liebe Eltern,

Wir bieten unseren Vorschulkindern in den nächsten Wochen das Projekt *„Spaß beim Buchstabenlernen mit Lena und Xi"* an, das wir Ihnen kurz vorstellen wollen. Gleichzeitig möchten wir Sie um Ihre Mithilfe bitten.

Erlebnisorientiertes Buchstabenlernen bedeutet Lernen mit Spaß und Freude!
Dabei geht es um die Verknüpfung eines Lautes mit dem jeweiligen Buchstaben, verbunden mit Sinn und eigenem Erleben. Die Kinder erleben den Laut bzw. Buchstaben in kleinen Aktionen, drücken ihn mit Mimik, Gestik, Bewegung aus, sind aktiv, hören, sehen, schmecken, riechen, tasten, gestalten kreativ, denken, sprechen, singen und schreiben. Ziel ist das Kennenlernen von Buchstaben nicht das Lesen- und Schreibenlernen.

Sehr wichtig für das erfolgreiche Buchstabenlernen ist Ihre Unterstützung:
Die Kinder sprechen jeden Buchstaben mit seinem **„Laut-Namen"** aus, nie den „Alphabet-Namen".
(**Falsch ist:** „Be, Ce, De, Ef, Ge, Ha, Jot, Ka, El, Em, En, Pe, Ku, Er, Es, Te, We, Iks, Zet")
Beispiel: Bei der Verbindung einzelner Buchstaben zu einem Wort, z. B. MAMA, verbinden die Kinder die Buchstaben durch Aneinanderreihung

- der „Laut-Namen" zu M-A-M-A = Mama = **richtig**
- der Alphabet-Namen zu Em-A-Em-A = Ema-ema = ein Unsinnwort.

Dies muss unbedingt beachtet werden, damit den Kindern der Übergang in die Schule nicht erschwert, sondern erleichtert wird!

Während des Projektes gestalten die Kinder ihr eigenes „Buchstabenbuch" in einem Ordner. Darin enthalten sind Kopien

- der Geschichte von Lena und Xi
- Anlaut-Seiten für jeden Buchstaben, auch selbst gestaltete Anlaute
- Druckschrift-Buchstaben in Groß- und Kleinschreibung zum selber Schreiben

> Für die Gestaltung der Anlaut-Seiten benötigt Ihr Kind **je ein Foto** von **Mutter, Vater, Oma(s)** und **Opa(s)**.
> Bitte geben Sie diese Fotos in einem Umschlag, auf dem der Name des Kindes steht, mit in den Kindergarten.
>
> Die Fotos sollten nicht größer sein als dieses Kästchen

Wenn Sie Fragen zu diesem Projekt haben, können Sie sich jederzeit gerne an uns wenden. Das selbst gestaltete „Buchstabenbuch" erhält Ihr Kind nach Abschluss des Projektes mit nach Hause.

Wir danken Ihnen im Voraus für Ihre Mithilfe!

Literatur

Sprachförderung

Schlosser, Elke. „Wir verstehen uns gut – Spielerisch Deutsch lernen. Methoden und Bausteine zur Sprachförderung für deutsche und zugewanderte Kinder als Integrationsbeitrag in Kindergarten und Grundschule", Ökotopia Verlag, Münster, 2007

Dr. Rose Götte: Sprache und Spiel im Kindergarten: Praxis der ganzheitlichen Sprachförderung in Kindergarten und Vorschule, Beltz Verlag, Weinheim und Basel, 2007

Sinnlautmethode

Ickelsamer, Valentin: Die rechte weis aufs kuortzist lesen zu lernen, 1527 Nachdruck herausgegeben von Pohl, „Karl: Valentin Ickelsamer: Die rechte weis aufs kürtzist lesen zu lernen Ain Teütsche Grammatica", Ernst Klett Verlag, Stuttgart 1. Auflage 1971

Mann, Iris (Pseudonym von Dr. Christel Manske): „Lernen können ja alle Leute", Beltz Verlag, Weinheim und Basel, 1992

Manske, Christel: „Entwicklungsorientierter Lese- und Schreibunterricht für alle Kinder. Die nichtlineare Didaktik nach Vygotskij", Beltz Verlag, Weinheim und Basel, 2004

Montessori

Raapke, Hans-Dietrich: „Montessori heute: Eine moderne Pädagogik für Familie, Kindergarten und Schule" Rowohlt Taschenbuch Verlag GmbH, Reinbek bei Hamburg, 2001

Register

	Geschichte	Anlaute	Kopiervorlage Geschichte	Kopiervorlage Anlaute	Kopiervorlage Hohlbuchstaben	Kurzanleitung
A	7	8	66	67	125	167
Ä	53	54	112	113	148	180
Au	27	28	86	87	135	173
B	43	44	102	103	143	177
Ch	59	60	118	119	153	182
D	31	32	90	91	137	174
E	33	34	92	93	138	174
Ei	39	40	98	99	141	176
Eu	61	62	120	121	154	183
F	41	42	100	101	142	176
G	45	46	104	105	144	178
H	35	36	94	95	139	175
I	19	30	88	89	136	173
J	19	20	78	79	131	170
K	23	24	82	83	133	171
L	63	64	122	123	155	183
M	9	10	68	69	126	167
N	21	22	80	81	132	171
O	11	12	70	71	127	168
Ö	53	54	112	113	150	180
P	17	18	76	77	130	170
Qu	55	56	114	115	151	181
R	49	50	108	109	146	179
S	37	38	96	97	140	175
Sch	51	52	110	111	147	180
T	25	26	84	85	134	172
U	13	14	72	73	128	168
Ü	53	54	112	113	149	180
W	15	16	74	75	129	169
X	57	58	116	117	152	182
Z	47	48	106	107	145	178

Die Autorin / Der Illustrator

Foto: © Christine Altherr

Sigrid Braun, geboren 1959 in Grünstadt, aufgewachsen im rheinland-pfälzischen Wattenheim, ist Erzieherin, Motopädagogin und Heilpädagogin.

Sie arbeitete als Erzieherin im Kindergarten, in Kinderheimen und in einer Kita. Viele Jahre war sie ehrenamtlich tätig in der Erwachsenenbildung, z. B. bei IGEL (www.igel-kl.de). Neben der Familienarbeit absolvierte sie die Ausbildungen als Motopädagogin und zuletzt als Heilpädagogin.

Während ihrer Heilpädagogik-Ausbildung faszinierten sie Erkenntnisse aus der modernen Hirnforschung sowie die Montessori-Pädagogik. Für Maria Montessori war es schon vor über 100 Jahren selbstverständlich, dass Kinder im Kindergartenalter Buchstaben lernen können. Aspekte aus der Montessori-Pädagogik, aus der modernen Hirnforschung und anderen bewährten pädagogischen Konzepten kombinierte Sigrid Braun in der neuen praxisorientierten Methode des erlebnisorientierten Buchstabenlernens (EoB).

Das Thema „frühkindliche Bildung" liegt ihr besonders am Herzen. Dabei ist für sie die spielerische Vermittlung mit Spaß und Freude eine Grundvoraussetzung. Die Autorin freute sich sehr über die Begeisterung, die die Kinder bei der Erprobung des erlebnisorientierten Buchstabenlernens zeigten.

Sigrid Braun ist verheiratet, Mutter von drei erwachsenen Söhnen und lebt in Landstuhl in der Pfalz (www.landstuhl.de)

Uwe Herrmann, geboren 1958 in Grünstadt, aufgewachsen im rheinland-pfälzischen Pirmasens, ist Karikaturist und Cartoonist.

Nach seinem – vor Langeweile strotzenden – Jurastudium folgten Betätigungen als Gelegenheitsillustrator, Judotrainer und Kleinverleger für norddeutsche Mundartkunst bis 1987 der Schritt in die Selbstständigkeit als freischaffender Karikaturist und Cartoonist erfolgte.

Mittlerweile hat der Zeichner mehrere Bücher illustriert, ist mit Einzelveröffentlichungen in Tages- und Fachzeitschriften präsent und kann als fester Mitarbeiter einer großen Tagezeitung auf über 8000 lokalpolitische Karikaturenveröffentlichungen verweisen.

Aufträge für Unternehmen, Institutionen, Organisationen und Körperschaften gehören ebenso zu seinem Tagesgeschäft wie eben auch ein Buchstabenlernprojekt für Kinder, deren Wohlergehen ihm ein ganz besonders wichtiges Anliegen ist.

Der Zeichner ist verheiratet, hat zwei erwachsene Kinder, einen Hund und wohnt in Obersimten, nahe der französischen Grenze. Ausgleich zum Beruf findet er in Badminton, Jazzmusik und Saxophonspielen in einer Band.

Im Internet ist Uwe Herrmann präsent unter: www.karikaturist.de

Lesen + Schreiben

für 1 Kind

mittelschwer

Finde die Buchstaben!

F B T S K G P

Betrachte das Bild, und finde heraus, welche Dinge mit den unten abgebildeten Buchstaben beginnen. Schreibe jeden Buchstaben auf einen kleinen Merkzettel, und klebe ihn auf den jeweiligen Gegenstand.

Kennst du noch weitere Buchstaben? Mit diesen Übungen kannst du dein Wissen testen.

1 Hier siehst du ein E. Zeige auf die Abbildungen, bei denen du das E am Wortanfang hörst.

2 Betrachte die Abbildungen in der linken Spalte. Welches Wort in der gleichen Reihe beginnt mit dem gleichen Buchstaben?

3 Toni Tiger hat seinen Anfangsbuchstaben in den Sand gemalt. Welches T sieht genauso aus wie das von Toni?

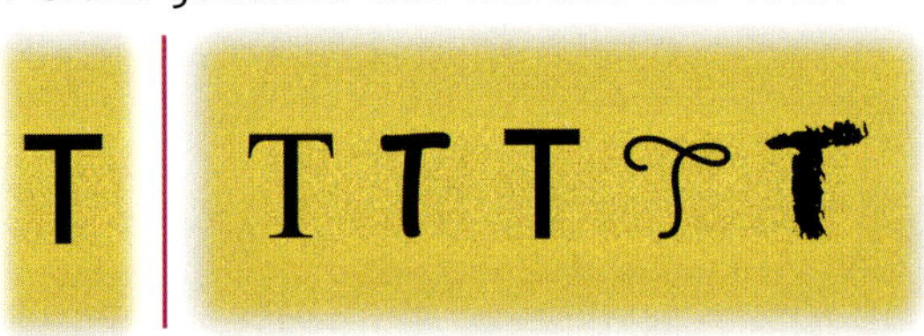

4 Schau genau: In welchen Kästen steckt überall ein H. Und in welchem Kästchen kommt dieser Buchstabe nicht vor?

5 Bruno Bär hat mit seinen Buchstabensteinen Wörter gestapelt. Findest du heraus, welche Türme zusammengehören?

Was Ihr Kind dabei lernt

Buchstaben frühzeitig zu erkennen und den entsprechenden Lauten zuzuordnen erleichtert Ihrem Kind in der Schule das Lesen und Schreiben. Gleichzeitig werden die Beobachtungsgabe und Konzentration geschult.

ATLAS VERLAG
D6 668 41-10
Illustrationen: Jürgen Katzenberger/TextArt

Lesen + Schreiben

für 1 Kind

mittelschwer

Buchstabe P

Paul Pinguin lebt am Pol. Unser Planet, die Erde, hat zwei Pole: den Nordpol und den Südpol. Am Nordpol leben die Eisbären, am Südpol die Pinguine. An den Polen gibt es keine Palmen, nur Schnee und Eis.

Betrachte den Text auf der Vorderseite. Zeige auf alle Wörter, die mit dem Buchstaben P beginnen.

1 Lass dir die folgenden Namen vorlesen. Klatsche jedes Mal in die Hände, wenn ein Name mit einem P beginnt.

Janina, Pedro, Julia, Tim, Eva, Paula, Peer, Björn, Achim, Peggy, Patrizia, Finn, Piet, Alex, Antje, Paulina, Pippi, Petra, Carina, Pamela, Jonas, Pia, Pablo, Lukas, Patrick, Peter

2 Finde heraus, welche Wörter mit P beginnen. Klatsche wieder bei jedem P in die Hände.

3 Findest du das richtig geschriebene P in der folgenden Reihe?

q b P B

Und so schreibst du das P:

1 Ziehe zunächst eine lange, gerade Linie von oben nach unten.

2 Dann ziehst du rechts einen kleinen Bogen bis zur Hälfte des Längsstriches.

4 Lesen Sie Ihrem Kind die Geschichte vor. Dabei soll es die Namen der Abbildungen selbst einsetzen. Achten Sie auf deutliche Aussprache.

Paul  **lebt am Pol. Den**  **ist es dort zu kalt, auch alle anderen Pflanzen erfrieren. Aber Paul friert nicht. Er braucht keine**  **und keinen**  **! Paul rutscht gern die Eisberge hinunter. Auf dem** 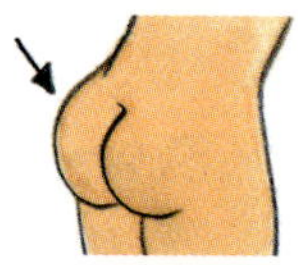 **? Nein, auf dem Bauch! Ob Paul manchmal einen**  **macht?**

Was Ihr Kind dabei lernt

Um Ihr Kind für den Unterschied zwischen hartem P und weichem B zu sensibilisieren, sprechen Sie ihm deutlich folgende Wörter vor, dann lassen Sie nachsprechen: „backen"/„packen", „Bar"/„Paar", „Bass"/„Pass", „bellen"/„pellen".

ATLAS VERLAG
D6 668 75-01
Illustrationen: Jürgen Katzenberger/TextArt

Buchstaben suchen

HAUS

MAUS

MUND

HUND

HASE

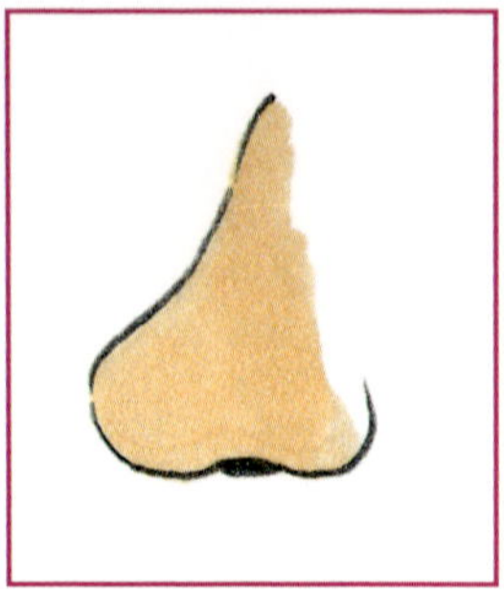

NASE

KOPF

TOPF

Es gibt Wörter, die sich nur durch einen einzigen Buchstaben unterscheiden. Und schon bedeuten sie etwas ganz anderes. Sieh dir zunächst die Zeichnungen an, und sage laut, was darauf abgebildet ist. Dann vergleichst du die Buchstaben.

Bei diesen Übungen müssen deine Augen genau hinschauen und deine Ohren genau hinhören. Sprich die Wörter immer laut und deutlich aus.

1 Sage zuerst, was du auf dem Bild siehst, und sprich dabei den Anfangslaut ganz lang. Unter der Zeichnung steht, wie der Anfangsbuchstabe dieses Wortes geschrieben wird.

2 Diese Wörter haben die gleichen Anfangsbuchstaben. Prüfe es nach.

3 Kannst du schon „Oma" schreiben? Wenn nicht, übe es! Fahre mit dem Finger oder der Rückseite eines Bleistiftes immer wieder die Buchstaben nach. Der Pfeil zeigt, wo du anfängst. Anschließend versuchst du das Wort auf ein Blatt Papier zu schreiben.

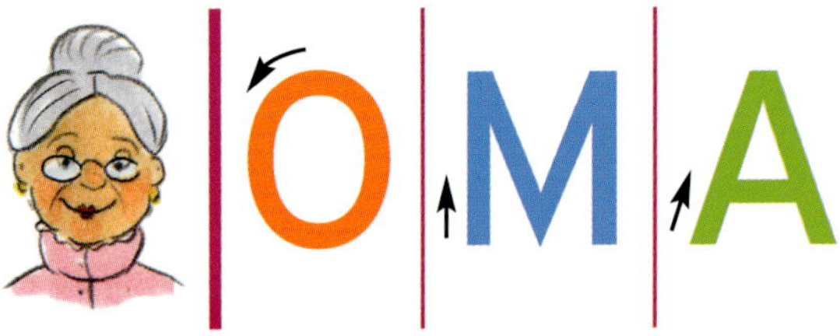

4 Ein Wort passt nicht in die Reihe. Welches? Betone beim Sprechen den ersten Laut, dann merkst du es schnell.

5 In diesen Wörtern kommt der Buchstabe A öfter vor. Kannst du ihn hören? Sprich die Wörter Silbe für Silbe ganz langsam.

Was Ihr Kind dabei lernt

Die Laut-Buchstaben-Zuordnung ist der Einstieg ins Lesen und Schreiben. Gerade auf diesem Gebiet verläuft die Entwicklung sehr unterschiedlich. Wenn Ihr Kind danach fragt – aber nur dann! –, können Sie ihm ruhig entsprechende Angebote machen.

ATLAS VERLAG

D6 668 73-10
Illustrationen: Jürgen Katzenberger/TextArt

Lesen + Schreiben

für 1 Kind

anspruchsvoll

Mein Name ist ...

H F E K

Wie heißen diese Tiere? Sprich ihre Namen laut aus, und achte auf die Anfangsbuchstaben. Immer zwei Tiernamen fangen mit dem gleichen Buchstaben an. Finde die Paare und vergleiche die Anfangsbuchstaben. Hast du alles richtig gemacht?

„Mein Name ist Hase, ich weiß von nichts!“ Das sagt man, wenn man eine Frage nicht beantworten kann oder will. Aber du weißt bestimmt schon etwas über Buchstaben! Hier kannst du dein Wissen testen.

1 Emil versucht seinen Namen auf dem Computer zu schreiben. Welche Tasten muss er noch drücken?

EMIL

2 Jedes Kind hat ein Stofftier. Der Name des Tieres fängt mit dem gleichen Buchstaben an wie der Name des Kindes. Welches Tier gehört zu wem?

LISA MORITZ ALINA BEN

LÖWE AFFE BÄR MAUS

3 Auch Dinge haben Namen. Prüfe nach, ob alle diese Dinge mit dem gleichen Buchstaben anfangen. Welche passen nicht dazu?

R

4 Sandra lässt alle Freundinnen und Freunde in ihr Poesiealbum schreiben. Jetzt will sie noch Fotos dazukleben. Welches Foto gehört auf welche Seite?

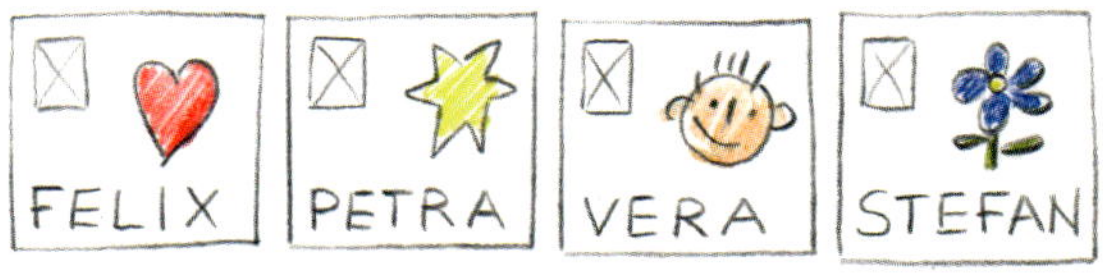

VERA STEFAN PETRA FELIX

5 Tobias lernt seinen Namen zu schreiben. Einmal hat er es schon ohne Fehler geschafft! Wo?

TOBIAS

TOBIAƧ
TOPIAS
TOBIAS

Bruno Bär weiß mehr!

Kannst du bereits deinen Namen schreiben? Wenn nicht, lass ihn dir von einem Erwachsenen vorschreiben und übe die Buchstaben.

Was Ihr Kind dabei lernt

Diese Übungen verlangen aufmerksames Betrachten verschiedener Buchstaben und ihrer Schreibweise. Das Heraushören gleicher Anlaute verlangt außerdem aufmerksames Zuhören.

ATLAS VERLAG
D6 668 83-05
Illustrationen: Jürgen Katzenberger/TextArt

Lesen + Schreiben

für 1 Kind

anspruchsvoll

Verzauberte Buchstaben

A
B
R
K
D

Tafel, Tafel an der Wand, wer kennt sich aus im Buchstabenland? Die Zaubertafel in der Hexenschule zeigt viele Buchstaben – hilfst du der kleinen Hexe, die Buchstaben herauszusuchen, die sie für ihren Zauberspruch braucht?

Mit den Buchstaben auf der Vorderseite kann man den berühmten Zauberspruch ABRAKADABRA schreiben! Und hier sind noch mehr zauberhafte Übungen:

1 Der große Zauberer Zitzewitz hat die Buchstaben in Dinge verwandelt. Findest du heraus, aus welchen Buchstaben er sie gezaubert hat?

O S H C E

2 Die kleine Hexe kocht Simsalabim-Suppe. Aus welcher Dose hat sie die Zutaten genommen?

3 Heute geht aber auch alles schief! Erst hat die kleine Fee den letzten Buchstaben des Zauberspruches vergessen und dann ist ihr noch der Zauberspiegel zerbrochen. Welcher Buchstabe stand auf dem Spiegel?

T S O

4 Die kleinen Gespenster spielen Buchstabenverstecken. Welchen Buchstaben hat das rosafarbene, welchen das hellblaue und welchen das hellgelbe Gespenst hinter seinem Rücken versteckt?

A B C

5 Zauberer Eulenauge zaubert eine Buchstabenschlange aus seinem Hut. Welchen Buchstaben hat er vergessen?

FIDIBUS

Bruno Bär weiß mehr!

Wer lesen kann, kann Buchstaben in Bilder verwandeln. Du glaubst es nicht? Dann überleg mal, was passiert, wenn dir jemand vorliest: Der Vorleser setzt die Buchstaben im Buch zu Wörtern zusammen. Und in deiner Fantasie entsteht aus diesen Wörtern eine Geschichte. Ist das nicht schon fast wie Zauberei?

Was Ihr Kind dabei lernt

Bei diesen Übungen wird Ihr Kind dazu angeregt, die unterschiedliche Gestalt der Buchstaben bewusst wahrzunehmen und zu unterscheiden.

Illustrationen: Jürgen Katzenberger/TextArt

Lesen + Schreiben

für 1 Kind

anspruchsvoll

Buchstaben X und Y

Sieh dir die Buchstaben auf dieser Seite genau an. Betrachte dann die Zeichnungen, und schau nach, ob du die Formen der Buchstaben in den Bildern findest. Zeige, was zusammenpasst.

Die Buchstaben X und Y kommen in unserer Sprache nur ganz selten vor. Damit du sie trotzdem kennen lernst, stellen wir sie dir hier vor:

Das X

1 Die gesuchten Wörter beginnen mit X. Das eine bezeichnet ein Instrument, mit dem man Musik machen kann, das andere eine komische Beinstellung, mit der manchmal die Clowns die Leute zum Lachen bringen.
Wie heißt das Instrument? Xylophon
Und wie nennt man die Beine? X-Beine

2 Lass dir folgende Wörter vorlesen. Klatsche jedes Mal in die Hände, wenn du am Anfang oder in der Mitte eines Wortes ein X hörst:

HEXE, REH, XAVER, XENIA, RABE, NIXE, TEICH, MAX, JULIA

Und so schreibst du das X:

1 Setze den Stift links oben an, und ziehe eine schräge Linie nach rechts unten.

2 Setze dann den Stift rechts oben an, und ziehe eine schräge Linie nach links unten. Die Linien kreuzen sich in der Mitte.

Das Y

Es kommt fast nur in Wörtern vor, die aus fremden Sprachen stammen. Meistens wird es genauso ausgesprochen wie das J in „Jaguar“ oder „Jacke“.
Das Mädchen auf dem rechten Bild macht eine ganz besondere Körperübung, die aus Indien stammt. Weißt du, wie diese Art von Gymnastik heißt? Yoga
Und wie nennt man das schnelle, schnittige Boot? Yacht

Und so schreibst du das Y:

1 Du beginnst links oben und ziehst eine kurze schräge Linie nach rechts unten ...

2 ... dann wieder einen schrägen Strich nach rechts oben.

3 Von der unteren Spitze aus ziehst du einen geraden Strich nach unten.

Hast du dir beide Buchstaben gut gemerkt? Dann erkennst du sie hier sicherlich wieder:

Was Ihr Kind dabei lernt

Ihr Kind lernt das Schriftbild der Buchstaben X und Y und deren Aussprache kennen. Darüber hinaus erfährt es, dass wir in unserer Sprache auch Wörter fremdsprachiger Herkunft verwenden.

ATLAS VERLAG

D6 668 87-08
Illustrationen: Jürgen Katzenberger/TextArt

Lesen + Schreiben

für 1 Kind

anspruchsvoll

Buchstabenbaum

Auf dem Apfelbaum wachsen Äpfel, auf dem Birnbaum Birnen und auf dem Buchstabenbaum Buchstaben! Wie oft findest du das T, das S, das R und das W? Schreibe die Buchstaben untereinander auf Papier und zeichne für jeden Buchstaben, den du auf dem Suchbild findest, einen Strich auf das Blatt.

Hast du auf der Vorderseite richtig gezählt? Dann sind hinter dem T sieben Striche, hinter dem S fünf, hinter dem R neun und hinter dem W sechs Striche. Und schon gehts weiter …

1 Auf Sandras Luftballons sind Buchstaben aufgemalt. Zwei Luftballons sind schon weggeflogen. Welche? Du findest es heraus, wenn du die Buchstaben unten mit denen auf den Luftballons vergleichst.

F K N G P O E

2 Sabrina hat ihren Namen in den Sand geschrieben. Aber der Frühlingswind hat schon kräftig darüber gepustet! Kannst du die Buchstaben noch erkennen?

A I B R S A N

3 Kai formt Buchstaben mit Legestäbchen. Bei jedem Buchstaben fehlt noch ein Stäbchen. Wie soll Kai die restlichen vier Stäbchen legen?

Z L X M

4 Drei dieser Buchstaben kann Kai mit seinen Stäbchen nicht legen. Warum nicht? Achte auf die Formen!

N O V D B K F

5 Hier siehst du ein A wie Apfel, ein B wie Baum, ein H wie Hut und ein U wie Uhr. Findest du sie in den Kästchen wieder, obwohl die Bilder verrutscht sind? Zeige, was zusammengehört. Die Farben helfen dabei.

Was Ihr Kind dabei lernt

Ihr Kind setzt sich mit der Form der Druckbuchstaben auseinander. Nehmen Sie diese Vorschläge auf, und motivieren Sie Ihr Kind dazu, die Buchstaben auf verschiedene Art und Weise entstehen zu lassen: mit dem Stift, mit dem Finger im Sand, mit aneinandergefügten Legeplättchen, als Puzzle zusammengesetzt.

ATLAS VERLAG

D6 668 88-02
Illustrationen: Jürgen Katzenberger/TextArt

Lesen + Schreiben

für 1 Kind

mittelschwer

Buchstabe V

V wie

Der Buchstabe V kommt in unserer Sprache eher selten vor. Er hat keinen eigenen Laut, sondern wird manchmal wie F und manchmal wie W ausgesprochen. Hier lernst du ihn kennen.

Das V versteckt sich hinter zwei verschiedenen Lauten. Höre gut hin.

1 Bei den meisten Wörtern wird das V wie F ausgesprochen. Lass dir die Beispiele vorlesen, und klatsche jedes Mal in die Hände, wenn ein Wort mit einem solchen V beginnt:

Vater, Verkäufer, Boot, Bruder, Haus, Straße, Vergissmeinnicht, Verbot, Kamel, Kiste, Versuch, Kastanie, Schneeball, Vorspeise, Hund, Vorhang, Vollmond, Volker, Veronika

2 Bei ganz wenigen Wörtern wird der Buchstabe V wie W ausgesprochen. Lass dir auch diese Beispiele vorlesen, und klatsche wieder jedes Mal, wenn ein Wort mit einem solchen V beginnt:

Vase, Vampir, Apfel, Banane, Video, Tatjana, Vera, Verena

3 Findest du das V in der folgenden Reihe?

A V Λ W

Und so schreibst du das V:

1 Du beginnst oben links und ziehst zuerst eine schräge Linie nach rechts unten.

2 Von dort aus zeichnest du eine schräge Linie nach rechts oben. Beide Linien sind gleich lang.

4 Lesen Sie Ihrem Kind die Geschichte vor. Dabei soll es die Namen der Abbildungen selbst einsetzen. Achten Sie auf eine deutliche Aussprache.

Vera spielt mit Volker Verstecken. Vera versteckt sich hinter dem  . Volker sucht hinter der großen  . Wo ist Vera? Viktor, der freche  , weiß es. Er wirft den Topf mit den  auf der Kommode um. Der Topf fällt auf Veras Kopf. Aua! Vera bekommt einen  . Schade, dass  nicht um Verzeihung bitten können.

Was Ihr Kind dabei lernt

Ihr Kind erfährt, dass man den Buchstaben V nicht über den Laut erkennen kann. Die richtige Schreibweise muss man lernen. Weisen Sie es bei Sprachspielen immer wieder darauf hin, wenn ein Wort mit dem Laut „F" wie „Vogel" oder „W" wie „Vase" beginnt. So lernt es bereits einige Wörter dieser kleinen Gruppe kennen.

ATLAS VERLAG

D6 668 93-02
Illustrationen: Jürgen Katzenberger/TextArt

Lesen + Schreiben

für 1 Kind

mittelschwer

Im Buchstabenzoo

A E P R B I V U M

Hier im Buchstabenzoo leben viele Tiere. Jedes Tier hat einen anderen Lieblingsbuchstaben. Welchen? Schau genau hin, dann findest du es bestimmt heraus.

Hier kannst du noch viele weitere Buchstaben entdecken. Viel Spaß beim Suchen!

1 Die Ponys haben Hunger und bekommen frisches Heu. Der Tierpfleger hat schon die Heugabel geholt. Welchen Buchstaben findest du?

C E F L

2 Das Dach des Raubtiergeheges muss repariert werden. Natürlich sind im Buchstabenzoo auch die Leiter und die Dachziegel aus Buchstaben. Finde die richtigen heraus.

V H G U

3 Welchen Buchstaben haben diese Tiere auf dem Körper?

D Q O U

4 Welcher Buchstabe steckt in diesen Tieren? Und welches Tier passt nicht in die Reihe?

A G S T

5 Die Buchstabengiraffe ist ganz aus Buchstaben gemacht. Finde sie, und ordne sie zu. Zähle nach, wie oft jeder Buchstabe vorkommt.

O
P
V
I

Was Ihr Kind dabei lernt

Beim Suchen und Vergleichen lernt Ihr Kind die Formen verschiedener Buchstaben kennen oder vertieft sein vorhandenes Wissen. Eine gute Übung für die Konzentration und fürs Lesenlernen.

ATLAS VERLAG

D6 668 96-10
Illustrationen: Jürgen Katzenberger/TextArt

Lesen + Schreiben

für 1 Kind

anspruchsvoll

A wie Apfel, B wie Birne ...

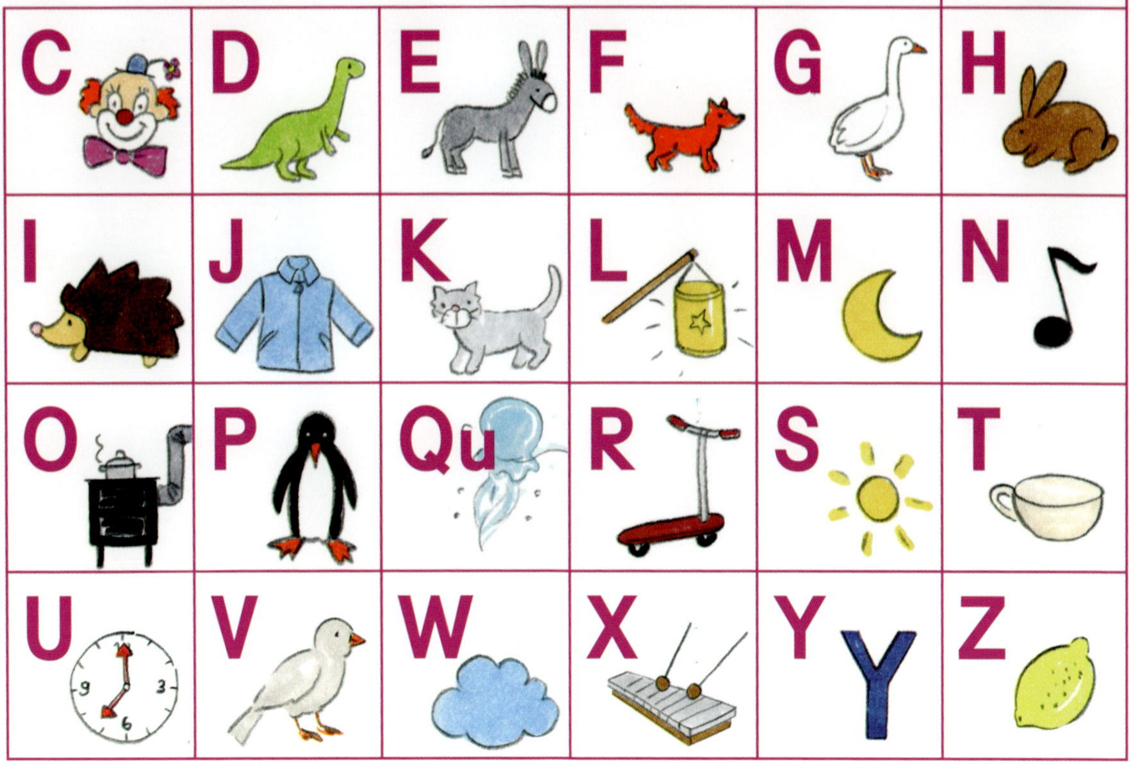

Hier siehst du die Buchstaben des Alphabets mit passenden Bildern: Zum A gehört der Apfel, denn Apfel fängt mit A an; zum B passt die Banane, zum C der Clown usw. Die Bilder verraten dir also, welcher Laut zu dem Buchstaben gehört. Versuche, ob du alle Laute herausfinden kannst. Lass dir von einem Erwachsenen sagen, ob du Recht hast.

In diesen Übungen sollst du Wörter mit gleichen Anfangsbuchstaben finden. Sprich dazu die Begriffe, die auf den Bildern gezeigt werden, laut und deutlich aus. Findest du auch den passenden Buchstaben dazu?

1 Alle diese Wörter fangen mit dem gleichen Buchstaben an. Welcher ist es? Zeige darauf.

2 Auch diese Begriffe beginnen mit dem gleichen Laut. Aber ein Bild passt nicht in die Reihe. Welches ist falsch? Und welche Anfangsbuchstaben gehören zu den Wörtern?

3 Jeweils zwei Wörter haben den gleichen Anfangsbuchstaben. Finde die Paare, und ordne die passenden Buchstaben zu.

4 Hier siehst du sechs verschiedene Tiere. Jeweils drei davon fangen mit den gleichen Anfangsbuchstaben an. Welche? Ordne zu!

5 Alle diese Lebensmittel haben etwas gemeinsam: den Anfangsbuchstaben. Welcher ist es?

Bruno Bär weiß mehr!

Wenn du möchtest, kannst du dir für die Buchstaben eigene Bilder ausdenken.

Was Ihr Kind dabei lernt

Ihr Kind lernt die Anlauttabelle als Arbeitsmaterial kennen. Dieses Werkzeug wird auch im Anfangsunterricht vieler Grundschulen eingesetzt, um mit den Kindern die Buchstabenkenntnisse und Grundbegriffe des Lesens zu erarbeiten.

ATLAS VERLAG

D6 668 98-11
Illustrationen: Jürgen Katzenberger/TextArt

Lesen + Schreiben
für 1 Kind
mittelschwer

Buchstabe D

Daniel, der kleine Delfin, schwimmt hinter einem großen Dampfer her. Die Passagiere an Deck winken ihm zu. Aber der Dampfer pustet eine dicke Dreckwolke in die Luft. Es stinkt nach Diesel! Deshalb taucht Daniel schnell unter und düst davon.

Betrachte den Text auf der Vorderseite. Zeige auf alle Wörter, die mit dem Buchstaben D beginnen.

1 Lass dir die folgenden Namen vorlesen. Klatsche jedes Mal in die Hände, wenn ein Name mit einem D beginnt:

Dagmar, Dagobert, Dietrich, Patrick, David, Delia, Franziska, Doris, Daniela, Jakob, Diana, Dorothee, Denis, Jan, Detlef, Dominik, Dimitri, Beate, Bettina, Dieter

2 Finde heraus, welche Wörter mit D beginnen. Klatsche wieder bei jedem D in die Hände.

3 Findest du das richtig geschriebene D in der folgenden Reihe?

Und so schreibst du das D:

1 Ziehe zuerst einen langen Strich von oben nach unten.

2 Dann zeichne einen Halbkreis nach rechts, der oben am Strich beginnt und unten daran endet.

4 Lesen Sie Ihrem Kind die Geschichte vor. Dabei soll es die Namen der Abbildungen selbst einsetzen. Achten Sie auf deutliche Aussprache.

Daniel, der kleine  **,**

fragt seine Mama: „Was soll ich später einmal werden?

Vielleicht  **? Oder**  **?**

Das ist sicher aufregend.

Oder vielleicht Zirkus-  **?**

Oder  **? Auf gar keinen Fall will ich** 

werden!" Aber Mama beruhigt ihn: „Mach dir keine Gedanken, Daniel. Ein  **braucht keinen Beruf!"**

Was Ihr Kind dabei lernt

Ihr Kind lernt das Schriftbild des Buchstabens D und den dazugehörigen Laut kennen. Weisen Sie dabei auch auf den Unterschied zwischen dem weichen D und dem harten T hin, und üben Sie gezielt mit dem Kind die Lautbildung.

ATLAS VERLAG

D6 668 94-01
Illustrationen: Jürgen Katzenberger/TextArt

Spiel mit Bruno Bär:

Magst du gerne reimen?
Dann habe ich diesmal ein tolles Spiel für dich.
Male die Bilder mit Farbstiften aus, und klebe den ganzen Spielebogen auf einen großen Bogen Tonkarton oder Pappe. Wenn du die einzelnen Kästchen ausschneidest, bekommst du zwanzig Spielkarten. Lege sie verdeckt auf den Tisch. Nun deckt der erste Spieler zwei Karten auf. Reimen sich die Namen der abgebildeten Begriffe? Wenn nicht, werden die Kärtchen wieder umgedreht und der nächste Spieler ist dran. Wer hat ein gutes Gedächtnis und findet die meisten Reimpaare? Viel Spaß!

Heute zum Ausmalen und Spielen!

Illustrationen: Jürgen Katzenberger/TextArt

Diesmal findest du gleich drei Aufgaben, die es zu lösen gilt. Aufgabe 1: Führe Bär, Maus und Käfer zu ihrem Futter, indem du alle Felder ausmalst, die mit ihren Anfangsbuchstaben beginnen. Bei Aufgabe 2 sollst du herausfinden, wie viele Blüten sich im Bild versteckt haben. Male sie an! Was siehst du noch? Aufgabe 3: Male alle Kästchen an, deren Motive mit dem Buchstaben B beginnen. Am Ende siehst du einen Buchstaben. Kennst du ihn?

Aufgabe 1

A	B	B	B	B	S	M	H	A	N	H	K	A
I	O	A	Z	B	W	M	S	D	J	A	K	G
U	P	G	H	B	E	M	M	M	M	A	K	A
Z	M	A	N	B	R	T	Z	A	M	T	K	P
W	E	B	B	B	A	M	M	M	M	V	K	K
P	T	B	A	C	D	M	A	R	P	X	A	K
B	B	B	X	A	M	M	T	Z	U	K	K	K
B	A	R	A	Y	M	F	G	H	B	K	A	N
B	B	B	B	I	M	M	M	M	M	K	K	M
A	U	T	B	K	A	O	I	A	M	N	K	O
I	K	Z	B	H	O	M	M	M	M	U	K	I
O	A	A	B	G	F	M	D	A	S	N	K	A

Aufgabe 2

Aufgabe 3

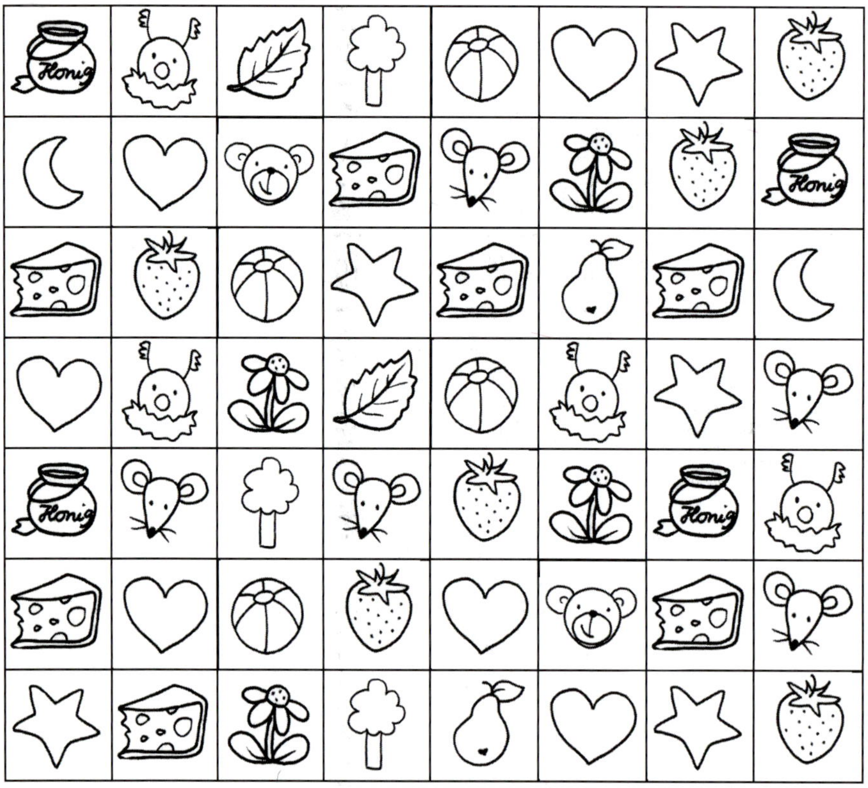

ATLAS VERLAG

D6 668 88
Illustrationen: Jürgen Katzenberger/TextArt

Überraschung!
In diesem Bild hat sich ein Tier versteckt. Du kannst es sichtbar machen, wenn du alle Felder in den Farben ausmalst, die dem Buchstaben im Bild und den Angaben rechts entsprechen. Die übrigen Felder bemalst du nach Lust und Laune. Welches Tier wohl herauskommt?

Heute zum Ausmalen!

ATLAS VERLAG

D6 668 82
Illustrationen: Jürgen Katzenberger/TextArt

Konzentration

für 1 Kind

mittelschwer

Verkehrte-Welt-Sprache

In der verkehrten Welt läuft alles genau andersherum: Aus kalt wird heiß, aus hell wird dunkel, aus laut wird leise. Lass dir eine Geschichte über die verkehrte Welt erzählen, und überlege, welche Wörter vertauscht sind.

Lass dir die Geschichte zuerst einmal ganz vorlesen. Danach hörst du sie Stück für Stück an. Erzähle sie nach, und tausche die verkehrten Wörter gegen die richtigen aus.

1 Als Peter vom Spielen nach Hause kommt, regnet es in Strömen. „Oje", sagt Mama, „deine Kleider sind ja ganz **trocken**! Leg sie auf die Heizung, damit sie wieder **nass** werden." Peter zieht die **trockenen** Sachen aus und holt sich **nasse** Sachen aus dem Schrank.

2 Mama ruft: „Peter, komm endlich, die Suppe wird ja ganz **heiß**!" Stimmt gar nicht: Die Suppe ist noch so **kalt**, dass sie im Teller dampft. Peter muss pusten, damit er sich die Zunge nicht **verkühlt**!

3 Nach dem Essen schaut sich Peter ein Bilderbuch an. In dem Buch lernt ein **kleiner** Riese einen **großen** Zwerg kennen. Der **große** Zwerg klettert auf die Schultern des **kleinen** Riesen und rutscht seinen Rücken hinunter. Oje, ist das steil! Mit einem **leisen** Krach plumpst der Zwerg auf den Boden. Zum Glück landet er nicht auf den **weichen** Steinen, sondern im **harten** Sand! Anschließend spielen sie „Mensch-**freue**-dich-nicht!". Der Riese gewinnt und ist sehr **traurig**.

4 Am Abend ruft Mama: „Peter, Schlafenszeit!" Peter mault: „Das ist gemein! Immer muss ich so **spät** ins Bett!" Aber Mama hört nicht auf ihn. „Putz deine Zähne", sagt sie, „damit sie schön **schmutzig** werden. Und wasch dir die Füße, die sind ja ganz **sauber**!"

5 Mama zieht die Vorhänge zu, damit es in Peters Zimmer schön **hell** ist. „Darf ich wenigstens noch ein bisschen Musik hören?", fragt Peter.
„Na schön", sagt Mama. „Aber bitte ganz **laut**, sonst kannst du nicht einschlafen."

6 Mama deckt Peter zu, damit ihm schön **kalt** wird, und gibt ihm einen Gutenachtkuss. Bevor sie aus dem Zimmer geht, macht sie das Licht **an**. Peter hat seinen **harten** Teddy im Arm. Das Radio spielt **laut**, und im Zimmer ist es **hell** und **ungemütlich**. Da kann Peter bestimmt gut **aufwachen**.

Bruno Bär weiß mehr!

Denk dir selbst eine Schummelgeschichte über die verkehrte Welt aus. Am einfachsten ist es, wenn du das, was du gerade machst, in der Verkehrte-Welt-Sprache erzählst.

Was Ihr Kind dabei lernt

Jüngere Kinder werden an dieser „verrückten" Geschichte ihren Spaß haben. Ältere können ihre Sprachkompetenz, ihr logisches Denken und ihre Konzentration schulen.

ATLAS VERLAG

D6 668 91-08
Illustrationen: Jürgen Katzenberger/TextArt

Sprachförderung

ab 1 Kind

einfach

Von Maus zu Haus

Geheimnisvolle Zaubersprüche, lustige Gedichte oder Abzählverse beim Versteckspiel hören sich schön an und du kannst sie dir gut merken. Weißt du, warum? Weil immer zwei Wörter sehr ähnlich klingen. Man nennt das einen Reim.

Reimen macht Spaß! Probier es mal aus, vielleicht fällt es dir leicht, selbst ganz neue Reimgedichte zu erfinden. Und du kannst solche Spiele überall machen: unterwegs mit Mama und Papa oder auch, wenn ihr irgendwo warten müsst. So wird dir sicher nicht langweilig!

1 Lass dir den Anfang des Reimes vorlesen. Das Wort, welches jeweils als Bild dargestellt ist, wird von dir erraten:

Es friert der kleine Hase
und hat 'ne kalte

Schau mal in das Haus,
da sitzt die kleine

Komm zu mir, ich hab dich gern,
du bist mein kleiner, heller

2 Jetzt wird es etwas schwieriger. Du errätst das fehlende Reimwort ohne Hilfe eines Bildes. Lass dir den Reim vorlesen (aber nicht das Wort in Klammern). Dann versuchst du, das letzte Wort blitzschnell zu erraten:

Wer ruft denn da laut Muh?
Na klar, es ist die (Kuh)!

Die kleine weiße Katze
zeigt mir ihre (Tatze).

Im Winter trinkt die kleine Fee
am liebsten eine Tasse (Tee).

3 Eine weitere Steigerung, die vor allem größeren Kindern Spaß macht: Ein Erwachsener oder ein anderes Kind beginnt einen Reim, und du ergänzt die zweite Zeile vollständig. Ihr könnt das auch umgekehrt spielen: Du sagst einen Satz, dein Mitspieler reimt einen zweiten dazu.

4 Reime, Reime, Reime ... dir fällt gerade nichts mehr ein? Hier noch ein paar Reimworte, aus denen sich schnell eine lustige Geschichte spinnen lässt:

Schwein - fein - klein - rein - nein - Wein - sein - Bein
Hund - Mund - gesund - rund - bunt
Hecke - Decke - Zwecke - Zecke - Schnecke
Kanne - Wanne - Tanne - Panne - Pfanne
Kuss - Schluss - Bus - Nuss

Bruno Bär weiß mehr!

Du kannst dir auch für einen Freund, eine liebe Nachbarin, Oma oder Opa ein liebes oder lustiges Reimgedicht ausdenken. Wenn Mama es dir auf eine schöne Karte schreibt und du noch ein passendes Bild dazu malst, ist das ein ganz besonderes Geschenk.

Was Ihr Kind dabei lernt

Reimen macht Spaß. Sie sollten gerade am Anfang ruhig zulassen, dass Ihr Kind Fantasieworte benutzt, um sich einen Reim darauf zu machen. Also etwa: „Simsalabim, das ist gar nicht schlimm!" Originalität geht also vor Perfektion. So verliert Ihr Kind seine Hemmungen und kann seine ganze sprachliche Kreativität entfalten – und vergrößert spielerisch seinen Wortschatz.

Illustrationen: Jürgen Katzenberger/TextArt

Konzentration

ab 3 Kindern

mittelschwer

Eins, zwei, drei, du bist frei!

Kerstin ist gefangen. Aber Sophie kann sie befreien – wenn sie es schafft, ganz schnell den langen Abzählreim aufzusagen. Beeilt euch, der Fänger Timo kommt schon angerannt!
Mit Abzählreimen können spannende Spiele noch spannender werden. Oder sie vermitteln, wenn ihr mal nicht einig seid.

Bestimmt habt ihr die lustigen Reime schnell auswendig gelernt.

1 Mit diesen Abzählreimen kannst du deine Freunde beim Fangen befreien:

Ene mene Tintenfass,
geh zur Schul und lerne was.
Wenn du was gelernet hast,
komm nach Haus und sag mir das.
Eins, zwei, drei, du bist frei!

Eine kleine Dickmadam.
Fuhr einst mit der Eisenbahn.
Eisenbahn, die krachte,
Dickmadam, die lachte.
Eins, zwei, drei,
du bist frei.

2 Wer muss beim Versteckspiel suchen? Derjenige, auf den der Finger am Schluss des Reimes zeigt!

Itzli-pitzli Rabenfuß,
rate mal, wer suchen muss.
itzli-pitzli puh,
und das bist du!

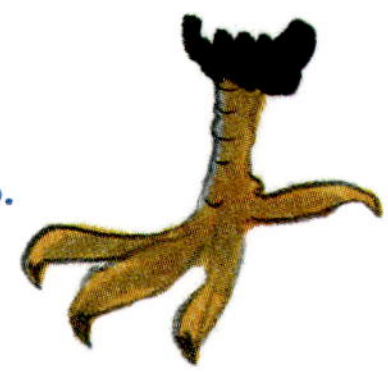

Ene mene Rätsel,
wer backt Brezel?
Wer backt Kuchen?
Der muss suchen!

3 Wer darf beim Brettspiel als Erster würfeln? Wer bekommt das erste Stück Kuchen? Der der beim Auszählen als Letzter übrig bleibt.

Fideritz und fideratz,
eine Maus, die ist kein Spatz,
und der Spatz ist keine Maus,
und du bist raus.

Ene, mene, miste,
es rappelt in der Kiste.
Ene, meine, meck
und du bist weg.

Ene mene dubbe dene,
dubbe dene daria.
Ebe babe bembio,
bio, bio, buff.

Ene mene mu,
und raus bist du.
Raus bist du noch lange nicht,
sag mir erst, wie alt du bist.
(Das Kind, auf das dein Finger zeigt, sagt sein Alter, etwa: „5“. Du zählst weiter aus: 1, 2, 3, 4, 5. Das Kind, auf das dein Finger am Ende zeigt, scheidet aus.)

Bruno Bär weiß mehr!

Beim Auszählen merkst du, dass Wörter aus verschiedenen Silben bestehen: Bei jeder neuen Silbe zeigst du auf ein anderes Kind. Wie viele Silben hat dein Name? Und wie viele Silben haben die Namen deiner Freunde?

Was Ihr Kind dabei lernt

Beim Aufsagen der rhythmischen Verse und Reime und der Einteilung in Silben entwickelt Ihr Kind ein Gefühl für den Sprachrhythmus. Es lernt Silben als Bestandteile von Wörtern kennen. Auf der sozialen Ebene fördern Abzählreime die Interaktion, die Konfliktfähigkeit und das Einhalten von Regeln.

ATLAS VERLAG
D6 668 83-09
Illustrationen: Jürgen Katzenberger/TextArt

Wahrnehmung

für 1 Kind

einfach

Wo ist die Mütze?

Bruno Bär war heute zu Besuch bei Mimi Maus. Die beiden haben den ganzen Nachmittag toll miteinander gespielt. Nun will Bruno Bär nach Hause. Aber er findet seine Mütze nicht. Kein Wunder – bei diesem Durcheinander! „Bitte aufräumen!", sagt Mama Maus. Hilfst du mit? Sag, was aufgeräumt werden soll, und zeig, wo die verstreuten Sachen hingehören.

Wo sucht Bruno Bär seine Mütze? Beschreibe! Benutze dabei die Wörter „hinter", „unter", „im", „bei", „zwischen".

1 Zuerst sucht Bruno im Regal. Ist die Mütze vielleicht ...

... bei (zwischen, hinter) den Büchern? Nein.

... in der (Auto)kiste? Nein.

... unter dem Zoo? Nein.

2 Dann sucht Bruno Bär auf dem Schreibtisch. Ist die Mütze vielleicht ...

... unter dem Heft? Nein.

... im Becher? Nein.

3 Nun sucht Bruno Bär im Bett. Ist die Mütze vielleicht ...

... unter dem (Kopf)kissen? Nein.

... unter der Bettdecke? Nein.

... bei (zwischen) den Kuscheltieren? Nein.

4 Zum Schluss schaut Bruno Bär in der Puppenecke nach. Ist die Mütze vielleicht ...

... im Puppenbett? Nein.

... zwischen den Puppenkleidern? Ja!

Was Ihr Kind dabei lernt

Bei dieser Wortschatzübung werden schwerpunktmäßig Präpositionen mit Ortsangaben trainiert. Ihr Kind muss eine Situation optisch erfassen und möglichst genau beschreiben. Konzentration, Wahrnehmung und Sprachentwicklung werden gefördert.

ATLAS VERLAG

D6 668 79-10
Illustrationen: Jürgen Katzenberger/TextArt

Logisches Denken

ab 1 Kind

anspruchsvoll

Wörterlotto

(Lösung: Fuß-Ball, Schnecken-Haus, Blumen-Topf, Eis-Berg, Apfel-Baum, Hand-Schuh)

Betrachte die Abbildungen und finde jeweils zwei Bilder, die zusammen ein neues Wort ergeben. Hier ein Beispiel: Aus „Apfel“ und „Baum“ wird „Apfelbaum“. Du wirst staunen, was man mit Wörtern noch alles anstellen kann!

Mit Worten spielen macht Spaß! Versuch's doch gleich mal!

1 Finde zu jeder Abbildung nun selbst ein oder mehrere passende Wörter, sodass neue sinnvolle Begriffe entstehen.

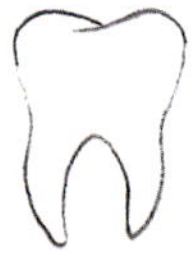

Bestimmt fallen dir noch weitere lustige Wortspiele ein.

(Lösung z.B. Zahn-Bürste, Vogel-Nest, Ohr-Ring, Zebra-Streifen)

2 Das Spiel funktioniert natürlich auch rückwärts. Hier gilt es, jeweils den ersten Begriff zu finden.

----------- 

----------- 

----------- 

----------- 

Male die Lösungen auf ein Blatt Papier.

(Lösung z.B.: Ruder-Boot Sonnen-Schirm, Schaukel-Pferd, Suppen-Löffel)

3 Spaß macht es auch, Begriffe zu finden, die sich reimen. Hier ein Beispiel: „Sonne" – „Tonne". Suche zu jeder der Abbildungen ein Wort, das sich reimt.

(Lösung: Maus/Haus, Zwerg/Berg, Mütze/Pfütze, Schwein/Bein)

4 Welche der hier abgebildeten Gegenstände passen zusammen? Erkläre, warum.

(Lösung: Auto/Lenkrad, Tasse/Untertasse, Fisch/Angel, Drachen/Wolke)

Bruno Bär weiß mehr!

Schneiden Sie aus weißem Tonkarton etwa 6 cm x 6 cm große Quadrate zu. Auf jedes Quadrat malen Sie oder Ihr Kind einen der gemeinsam erarbeiteten Begriffe, die zusammen ein neues Wort bilden. Nun alle Karten verdeckt auf den Tisch legen. Nacheinander aufdecken und passende Wortpaare finden. Alternativ können Sie zusätzlich den zusammengesetzten Begriff malen lassen. Diesen aufdecken und das Kind die beiden Bilder suchen lassen, die diesen Begriff ergeben.

Was Ihr Kind dabei lernt

Hier sind Kombinationsgabe und Denkfähigkeit gefragt, um die Begriffe zusammenzubringen und zu verstehen, dass bekannte Worte zusammen einen völlig neuen Sinn ergeben können. Außerdem fördern die Übungen das visuelle Erkennen von Formen und Einzelheiten. Sie stellen eine gute Vorübung für das spätere Lesenlernen dar.

ATLAS VERLAG

D6 668 401-19
Illustrationen: Jürgen Katzenberger/TextArt

Wortschatz

für 1 Kind

anspruchsvoll

Teekesselchen

Teekesselchen nennt man ein Wort, das zwei verschiedene Bedeutungen hat. Sieh dir zum Beispiel die Zeichnungen an: Was schleckt das Mädchen? Ein Eis. Und worauf läuft der Junge Schlittschuh? Auf dem Eis. Eis kann also mal so, mal so aussehen. Willst du mehr solcher Wörter kennen lernen?

Wer hätte gedacht, dass es so viele verschiedene Dinge mit dem gleichen Namen gibt.

1 Betrachte die Zeichnungen in den Kreisen, und finde das Wort, das zu beiden Bildern passt.

Fliege, Nagel

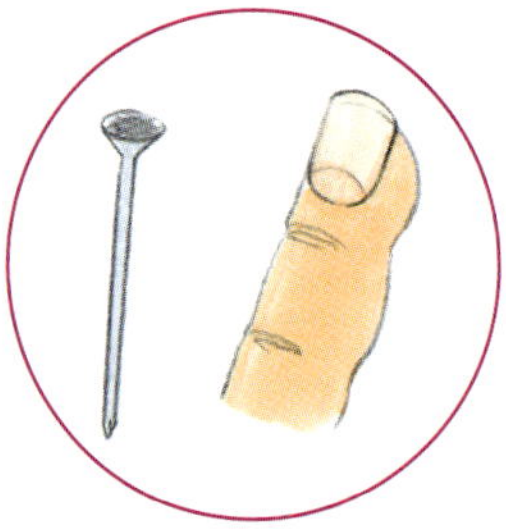

2 Zu welchen beiden Bildern passt das gleiche Wort? Suche die Paare, zeige auf die Bilder, nenne die Begriffe.

Feder, Zebrastreifen, Blatt

3 Hoppla, hier stimmt was nicht! Was hat der Zeichner verwechselt?

Bankräuber

4 Hier sind lauter falsche Bilder gemalt. Lass dir die Sätze vorlesen, und ergänze die Wörter, die du auf den Bildern siehst. Welche Zeichnung hätte eigentlich gepasst? Finde sie in der unteren Reihe.

Der König sprach zum Ritter:

„Wenn du meine Tochter rettest,

schenke ich dir mein  **."**

Der Vogel breitet seine 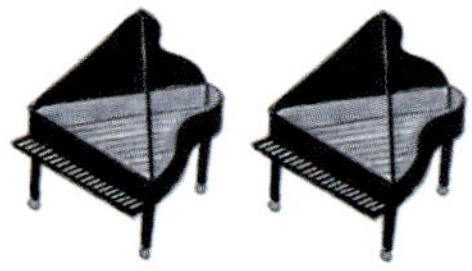 **aus und fliegt auf und davon.**

Im Herbst sind die  **reif.**

Bruno Bär weiß mehr!

Wenn du willst, kannst du dir zu den Teekesselworten Geschichten ausdenken: Wie wäre es mit einem Zebra, das sich an die Straße stellt, damit die Kinder sicher zur Schule kommen?

Was Ihr Kind dabei lernt

Kinder im Vorschulalter entwickeln zunehmend Sinn für Sprachwitz und obskure Situationen. Hier bekommen sie Anregungen zum fantasievollen und kreativen Umgang mit Wörtern.

ATLAS VERLAG
D6 668 65-10
Illustrationen: Jürgen Katzenberger/TextArt

Sprache

für 1 Kind

mittelschwer

Winterwetter

Ist es dir lästig und vielleicht langweilig, dich im Winter warm anziehen zu müssen? Nicht, wenn du dir ein paar lustige Reime dazu ausdenkst. Aber was reimt sich auf „Socke" und „Jacke", „Schal" und „Hose"? Betrachte die Bilder auf dieser Seite, und finde heraus, was zusammenpasst.

Hier ist ein Winterwetter-Anzieh-Gedicht. Lass es dir vorlesen, und ergänze die Reime. Bestimmt hast du die fehlenden Wörter schnell erraten!

1 Peter und Uli wollen rodeln gehen. Sie blicken aus dem Fenster. Wie sieht es draußen aus?

Heute ist es draußen weiß,
alles voller Schnee und ... (Eis).

Die Jungen freuen sich: „Hurra,
endlich ist der Winter ... (da)!"

2 Was braucht man, um im Schnee zu spielen? Warme Kleider! Peter weiß, warum.

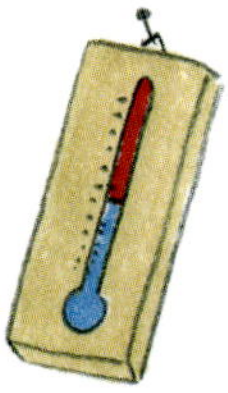

Der schlaue Kerl, der Peter,
schaut gleich aufs Thermo... (meter).

„Kalt ists", sagt er zu Uli,
„wir brauchen einen ... (Pulli)!

Und auch unsere Mützen
werden uns sicher ... (nützen)."

3 Uli macht das Fenster auf, streckt die Hand hinaus – und holt sie ganz schnell wieder herein!

„Bei diesem Wind, au Backe,
geh ich nicht ohne ... (Jacke)!

Und auch mein Hals ist noch ganz kahl,
ich nehm mir lieber einen ... (Schal)."

4 Jetzt sind die beiden schön warm eingepackt. Aber zwei Sachen fehlen noch! Weißt du, was?

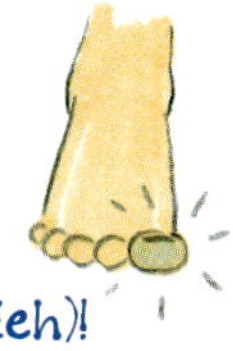

Die dicken Stiefel für den Schnee.
Sonst friert am Fuß der große ... (Zeh)!

Und was holt Peter aus der Truhe?
Die warmen, weichen Fellhand ... (schuhe)!

Bruno Bär weiß mehr!

Anziehen ist lästig. Aber Schnupfen erst recht! Zieh dich also im Winter immer warm an: Denn besser als die Schnupfenqual sind Mütze, Jacke, Handschuh, Schal.

Was Ihr Kind dabei lernt

Reime fördern den Wortschatz und das Sprachgefühl – und machen Kindern Spaß! Vielleicht lässt sich ja mit einem lustigen Reim sogar der eine oder andere Anziehkampf entschärfen.

ATLAS VERLAG

D6 668 86-05
Illustrationen: Jürgen Katzenberger/TextArt

Sprache

für 1 Kind

mittelschwer

Schlittenfahrt

Einen Schlitten den Berg hinaufzuziehen ist nicht so leicht. Dafür macht das Runterfahren großen Spaß! Noch lustiger ist es zu zweit. Warum wohl? Betrachte die Bilder der Reihe nach und erzähle die Geschichte mit deinen eigenen Worten.

Schau dich mal um, was im Winter so alles los ist! Beschreibe, was in den Bildergeschichten passiert.

1 Diese kleine Geschichte heißt „Der erste Schnee". Erzähle sie. Beschreibe auch, was die Kinder in der Geschichte sagen und wie sie sich fühlen.

2 Was ist nur mit dem Schneemann los? Bring die Bilder in die richtige Reihenfolge, und erzähle die Geschichte.

3 Überlege: Warum ist das Eis für das Kind gefährlich und für die Ente nicht? Erzähle, was in dieser Geschichte passiert. Und was hätte noch passieren können?

Bruno Bär weiß mehr!

Unterstützen Sie Ihr Kind mit gezielten Fragen dabei, die Geschichten zu verstehen und sich in die Situation hineinzuversetzen.

Was Ihr Kind dabei lernt

Zum Verstehen der Bildergeschichten sind logisches Denken und Einfühlungsvermögen nötig. Das Erzählen und Beschreiben fördern die Sprachkompetenz und das Ausdrucksvermögen Ihres Kindes.

ATLAS VERLAG

D6 668 85-05
Illustrationen: Jürgen Katzenberger/TextArt

Lesen + Schreiben

für 1 Kind

mittelschwer

Silben klatschen

 ●●	 ●	 ●●
 ●	 ●●●	 ●●●●
 ●●	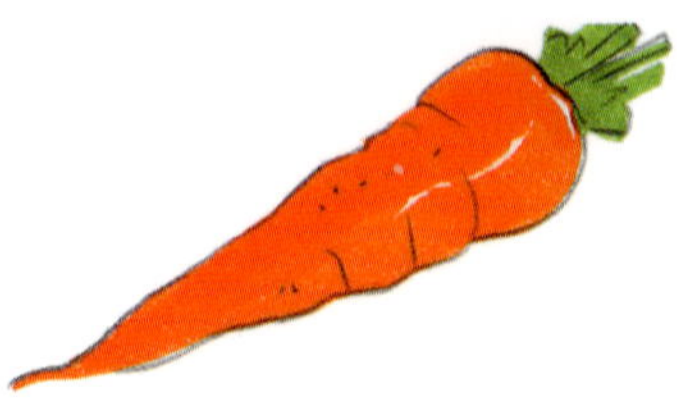 ●●●	 ●●

Betrachte die Abbildungen, und sprich die Namen der Tiere oder Dinge laut aus. Trenne sie dabei nach Silben. Wenn du bei jeder Silbe in die Hände klatscht, kannst du feststellen, ob die Anzahl der Punkte unter den Bildern richtig oder falsch ist.

Für einige dieser Übungen brauchst du Klebepunkte aus dem Schreibwarenhandel. Suche deine Lieblingsfarbe aus.

1 Betrachte auch hier die Abbildungen und sprich die Wörter laut aus. Klebe unter jedes Bild, das aus nur einer Silbe besteht, einen Klebepunkt.

2 Finde alle Wörter, die aus zwei Silben bestehen. Am einfachsten geht es, wenn du die Wörter laut aussprichst und dazu in die Hände klatschst. Klebe unter jedes gefundene Wort zwei Klebepunkte.

3 Hier gilt es, alle Wörter mit drei Silben zu finden. Klebe wieder die entsprechende Anzahl an Klebepunkten in die Kästchen.

4 Folgende Wörter haben drei Silben. Wie heißen sie? Doch das Silbenkrokodil hat bei diesen Wörtern jeweils eine Silbe verschluckt. Lies laut vor, was noch übrig ist, wenn du diese Silbe weglässt. Und wie heißt die Silbe, die fehlt?

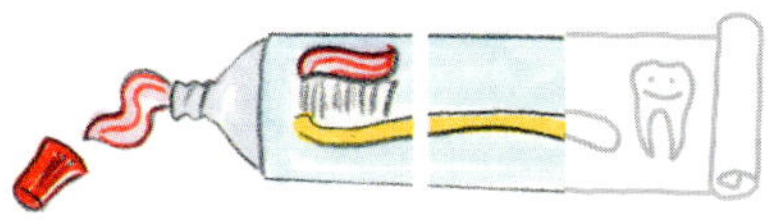

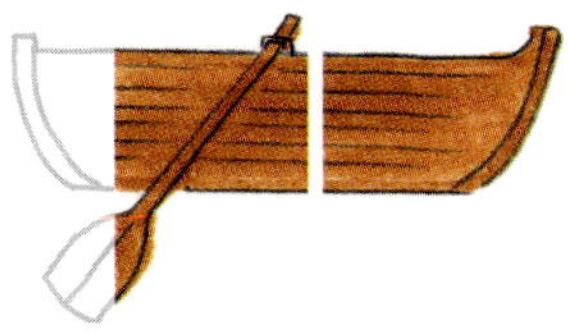

Bruno Bär weiß mehr!

Üben Sie mit Ihrem Kind zwischendurch immer wieder das Klatschen von Silben. Besonders viel Spaß macht das bei sehr langen, vielsilbigen Wörtern, die natürlich auch frei erfunden sein können.

Was Ihr Kind dabei lernt

Durch die akustische Unterscheidung einzelner Silben erhält Ihr Kind einen ersten Einblick in den Aufbau von Wörtern. Zudem ist es eine wichtige Voraussetzung für die spätere Silbentrennung. Langsames Sprechen erleichtert die Übung. Zudem lernt Ihr Kind, genau hinzuhören und sich auf den Sprachfluss zu konzentrieren.

ATLAS VERLAG

D6 668 31-02
Illustrationen: Jürgen Katzenberger/TextArt

Wortschatz

für 1 Kind

anspruchsvoll

Windhund Bello

Die Bilder in den Kästchen kannst du zu Wörtern zusammensetzen. Aus „Wind" und „Hund" wird „Windhund", aus „Wind" und „Pocken" „Windpocken". Begriffe, die du nicht kennst, lässt du dir erklären. Die Geschichte von Bello, dem Windhund, findest du auf der Rückseite. Lies mit!

Bitte einen Erwachsenen, dass er dir die Geschichte vorliest. Die gezeichneten Wörter liest du!

1 Es wird Frühling. Der  ist geschmolzen, und 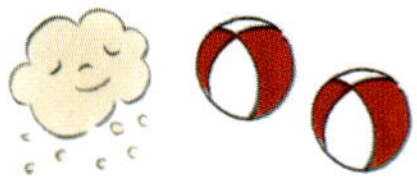 kann man auch nicht mehr machen. Aber dafür streckt das  seinen Kopf aus der Erde. Nele kann nicht draußen spielen. Sie hat  !

2 In der Küche sucht Mama den  . Sie backt  für Nele. Aber aufpassen, dass  Bello die  nicht erwischt!

3 Papa kauft Blumen für Nele. Aber ein  verblüht schnell, und  dauern lange! Deshalb kauft er eine  im  . Nele liebt alle Blumen – außer  !

4 Nele stellt den  mit der  auf ihren Tisch und geht in die Küche, 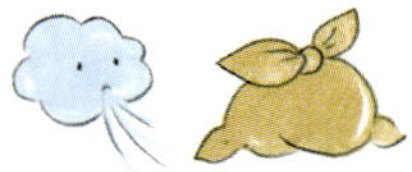 essen! Als sie zurückkommt, liegt die  auf dem Boden. Draußen weht ein kräftiger Frühlingswind. Hat er den  umgepustet? Da streckt Bello seine Schnauze durch den Türspalt. Alles klar! Er ist eben ein richtiger  !

Was Ihr Kind dabei lernt

Auch Kinder, die noch nicht lesen können, entwickeln durch regelmäßiges Vorlesen Lesefreude und Leseinteresse und erwerben damit wichtige Voraussetzungen für die spätere Lesemotivation.

ATLAS VERLAG

Illustrationen: Jürgen Katzenberger/TextArt

Lesen + Schreiben

für 1 Kind

anspruchsvoll

Buchstabensalat

Auto   Maus

 Ball

Katze Blume

---

e M a B K l u

t u l a B s A z

l o m a u t e

Was für ein Durcheinander! Hier sind alle Buchstaben durcheinander gepurzelt. Kannst du helfen, sie wieder in die richtige Reihenfolge zu bringen? Suche dazu die Buchstaben, die zu den jeweiligen Begriffen gehören.

Betrachte die Buchstaben für die folgenden Übungen genau. Manche kennst du bestimmt schon, einige vielleicht noch nicht.

1 Finde jeweils den Buchstaben, der nicht in die Reihe passt. Kennst du Worte, die mit diesem Buchstaben beginnen?

2 Kannst du herausfinden, wovon jedes der unten abgebildeten Tiere träumt?

3 Welcher Hund bekommt keinen Knochen? Wenn du die Buchstaben verbindest, findest du es heraus.

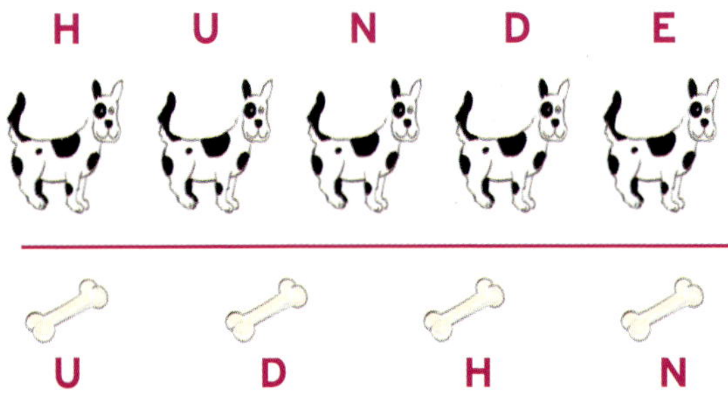

4 Bruno Bär will verreisen, darum hat er eine Liste geschrieben, was er alles mitnehmen möchte. Hat er auch nichts vergessen?

Buch
Mütze
Schirm
Fernglas
Brille
Apfel

Bruno Bär weiß mehr!

Eine gute Übung, um Buchstaben zu lernen, ist folgendes Spiel: Schneiden Sie aus Tonkarton in einer Farbe 52 gleich große Kärtchen zu. Jedes wird mit einem Buchstaben beschriftet; jeden Buchstaben gibt es doppelt. Die Karten umdrehen und auf dem Tisch ausbreiten. Nun deckt jeder Spieler abwechselnd zwei Karten auf und versucht auf diese Weise, Pärchen mit zwei gleichen Buchstaben zu finden. Wer am Schluss die meisten Pärchen hat, ist der Gewinner.

Was Ihr Kind dabei lernt

Vorbereitend auf das Lesen, wird Ihr Kind hier mit Aussprache und Form verschiedener Buchstaben vertraut gemacht. Das genaue Betrachten und Vergleichen erfordern Konzentration. Indem das Kind die Laute nachspricht, wird die Phonetik verinnerlicht.

ATLAS VERLAG
D6 668 07-03
Illustrationen: Jürgen Katzenberger/TextArt

Lesen + Schreiben

für 1 Kind

mittelschwer

Buchstabe J

J wie

Jutta Jaguar ist das ganze Jahr auf der Jagd – egal, ob es Januar, Juni oder Juli ist. Jeder Urwaldbewohner hat Angst vor ihr. Ist Jutta Jaguar böse? Nein, sie braucht nur Futter für sich und ihre Jungen.

Betrachte den Text auf der Vorderseite. Zeige auf alle Wörter, die mit dem Buchstaben J beginnen.

1 Lass dir die folgenden Namen vorlesen. Klatsche jedes Mal in die Hände, wenn ein Name mit einem J beginnt.

Jörg, Karin, Nadja, Jakob, Bärbel, Kai, Johannes, Anne, Janina, Lars, Jasmin, Paula, Julius, Joachim, Rafael, Jonas, Ilona, Petra, Julia, Jan, Beate, Josef, Jürgen, Larissa, Jana, Carla

2 Finde heraus, welche Wörter mit J beginnen. Klatsche wieder bei jedem J in die Hände.

3 Findest du das richtig geschriebene J in der folgenden Reihe?

Und so schreibst du das J:

1 Ziehe einen geraden Strich von oben nach unten.

2 Unten angekommen, machst du einen halben Kreisbogen nach links.

4 Lesen Sie Ihrem Kind die Geschichte vor. Dabei soll es die Namen der Abbildungen selbst einsetzen. Achten Sie auf deutliche Aussprache.

Jutta  **hat ein helles, geflecktes Fell. Jan Jaguar ist rabenschwarz. Jutta**  **und Jan**  **haben drei** **. Sie jammern und jaulen. Sie haben Hunger! Schmeckt ihnen**  **? Nein! Mögen sie**  **? Nein! Fressen sie Fleisch? Ja! Deshalb muss Mama Jaguar eine sehr gute**  **sein.**

Was Ihr Kind dabei lernt

Ihr Kind lernt das J als Laut und als geschriebenen Buchstaben kennen. Namen und Begriffe englischer oder französischer Herkunft wurden bewusst ausgenommen, da ihr Anlaut anders ausgesprochen wird (z. B. Jongleur, Journalist, Jeans).

ATLAS VERLAG
D6 668 71-05
Illustrationen: Jürgen Katzenberger/TextArt

Lesen + Schreiben

für 1 Kind

mittelschwer

Buchstabe U

U wie

Am Ufer des Tümpels sitzt Ulla, eine dicke Unke. Sie sieht fast aus wie ein Frosch, doch sie ist keiner. Sie quakt auch nicht. Wenn Ulla Laute von sich gibt, dann unkt sie „uuu uu uuuu uu uuu“.

Schau dir den Text auf der Vorderseite an. Findest du darin alle Wörter, die mit dem Buchstaben U beginnen? Deute jeweils auf das U!

1 Lass dir die folgenden Namen vorlesen. Klatsche jedes Mal in die Hände, wenn ein Name mit einem U beginnt:

Ulla, Lena, Petra, Ulrich, Bernd, Ulf, Udo, Sandra, Ulrike, Nina, Ursula, Frieda, Uta, Simona, Uwe, Alexandra, Benjamin

2 Zeige auf die Bilder, deren Namen mit U beginnen. Klatsche wieder bei jedem U in die Hände.

3 Betrachte die Abbildungen. Erkennst du das U?

Und so schreibst du das U:

1 Ziehe eine lange, gerade Linie von oben nach unten.

2 Dann geht's gleich weiter mit einem halben Kreisbogen nach rechts.

3 Und von dort aus wieder zurück nach oben in einer langen, geraden Linie.

4 Lesen Sie Ihrem Kind die Geschichte vor. Dabei soll es die Namen der Abbildungen selbst einsetzen. Achten Sie auf eine deutliche Aussprache.

Ulla sitzt unter einem Stein am  **des Tümpels und unkt laut „uuu uu uuu". Es klingt unheimlich. Ulrich, der mit seinem Fahrrad unterwegs ist, baut vor Schreck fast einen**  **. „Was war das?" flüstert er entsetzt. Sein Freund Uwe lacht: „Bestimmt kein**  **und sicher auch kein**  **. Wir sind ja nicht im**  **!"**

Was Ihr Kind dabei lernt

Ihr Kind lernt das U als Laut und als geschriebenen Buchstaben kennen. Vielleicht kann es auch hören, dass das U ein Selbstlaut ist. Es klingt für sich alleine wie das A, das E, das I und das O. Auf Selbstlaute kann man lange, laute Töne singen.

ATLAS VERLAG

D6 668 50-03
Illustrationen: Jürgen Katzenberger/TextArt

Lesen + Schreiben

für 1 Kind

anspruchsvoll

Buchstaben C und Q

C

Q

Sieh die Buchstaben genau an. Betrachte anschließend die Zeichnungen. Dann schau nach, ob du die Formen der Buchstaben in den Bildern wieder findest. Was passt zusammen?

Die Buchstaben C und Q kommen in unserer Sprache ganz selten vor, meistens in schwierigen Wörtern. Willst du sie trotzdem kennen lernen?

Das C

1 Diese beiden Wörter fangen mit C an. Mit dem einen kann man Musik hören, mit dem anderen bezahlen.

Wie nennt man die silberne Scheibe? *CD*

Und wie heißt die Münze? *Cent*

2 Lass dir folgende Namen vorlesen. Klatsche jedes Mal in die Hände, wenn ein Name mit einem C beginnt:

DAVID, EMIL, CECILIA, WOLFGANG, PETRA, CELINA, STEFFEN, CÄSAR

Und so schreibst du das C:

1 Das C wird wie ein Kreis geschrieben, der an der rechten Seite offen ist. Setze den Stift rechts oben an ...

2 ... und fahre linksherum nach unten bis du rechts unten angekommen bist.

Das Q

Das Q ist nicht gern allein. Nach dem Buchstaben Q kommt im Deutschen immer ein u. Beide Buchstaben zusammen werden „kw" ausgesprochen.

1 Die folgenden Begriffe beginnen mit dem Buchstaben Q:

Wie macht der Frosch? *Quak*

Wie nennt man das Küchengerät zum Sahneschlagen? *Quirl*

Wo entspringt der Bach? *Quelle*

2 Lass dir folgende Wörter vorlesen. Klatsche jedes Mal in die Hände, wenn ein Wort mit Q beginnt:

UNFUG, WITZ, QUATSCH, FISCH, SEESTERN, QUALLE, KREIS, DREIECK, QUADRAT, SABINE, BEATE, QUIRIN

Und so schreibst du das Q:

1 Fange oben in der Mitte an, und zeichne einen Kreis nach links unten und wieder hoch zur Mitte.

2 Und nun setzt du unten rechts noch einen kleinen Schrägstrich.

Hast du dir beide Buchstaben gut gemerkt? Dann erkennst du sie hier sicherlich wieder:

Was Ihr Kind dabei lernt

C und Q sind im Deutschen als selbstständige Laute oft nicht eindeutig zu hören. Machen Sie Ihr Kind der Vollständigkeit halber mit den Formen bekannt, verzichten Sie aber auf Detailinformationen zu besonderen Lautverbindungen, zur Aussprache oder Rechtschreibung.

ATLAS VERLAG

D6 668 80-10
Illustrationen: Jürgen Katzenberger/TextArt

Lesen + Schreiben

für 1 Kind

mittelschwer

Buchstabe S

S wie

Samantha, das Seepferdchen, schwimmt durch die Seegraswiese. Sieben Stunden ist Samantha nun unterwegs! Hier im Sand wäre ein schöner Platz zum Ausruhen. Samantha will sich an einem Seegrashalm festhalten. Au, das sticht! Kein Wunder: Im Sand sitzt Silvio, der Seeigel.

Betrachte den Text auf der Vorderseite. Zeige auf alle Wörter, die mit dem Buchstaben S beginnen.

1 Lass dir die folgenden Namen vorlesen. Klatsche jedes Mal in die Hände, wenn ein Name mit einem S beginnt.

Sandra, Selina, Simon, Karsten, Peter, Svenja, Silvio, Sonja, Doris, Susanne, Saskia, Andreas, Sigrid, Sebastian, Lilli, Sabrina, Sarah, Sonja, Bruno, Silke, Isabel, Sofia

2 Finde heraus, welche Wörter mit S beginnen. Klatsche wieder bei jedem S in die Hände.

3 Findest du das richtig geschriebene S in der folgenden Reihe?

Und so schreibst du das S:

1 Beginne rechts oben, und ziehe einen Bogen nach links.

2 Zeichne eine Schlangenlinie, die links unten in einem Bogen endet.

4 Lesen Sie Ihrem Kind die Geschichte vor. Dabei soll es die Namen der Abbildungen selbst einsetzen. Achten Sie auf deutliche Aussprache.

Samantha, das  **, sieht die**  **durchs Wasser blitzen.**

Doch da kommt plötzlich

ein dunkler Schatten. Es ist

Sebastian, der mit einem

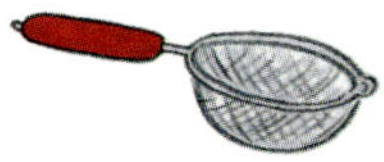 **im Wasser wühlt.**

Oje, Samantha wird gefangen!

Sebastian will das  **mit**

nach Hause nehmen und ihm

einen winzigen  **basteln.**

Aber Mama sagt nein. 

brauchen  **... wasser!**

Was Ihr Kind dabei lernt

Ihr Kind lernt das S als Laut und als geschriebenen Buchstaben kennen. In dieser Übung geht es speziell um das stimmhafte S am Anfang eines Wortes. Sagen Sie Ihrem Kind, dass das S in bestimmten Buchstabenkombinationen, wie sch, st und sp, anders ausgesprochen wird.

ATLAS VERLAG

D6 668 69-01
Illustrationen: Jürgen Katzenberger/TextArt

Lesen + Schreiben

für 1 Kind

mittelschwer

Reise ins Buchstabenland

Auf dem Campingplatz findet eine Zaubervorstellung statt. Zuerst jongliert der Zauberer mit sechs Bällen. Doch plötzlich hat er zwei Bälle verschwinden lassen – und niemand hat gesehen, wohin! Vergleiche die Bilder. Welche Buchstaben fehlen?

Einige Buchstaben kennst du sicher schon. Dann findest du die Lösungen schnell heraus.

1 Familie Winter fährt in den Urlaub. Peter und Linda haben ihre Taschen mit ihren Namen beschriftet. Welche Gepäckstücke gehören Peter, welche Linda?

2 Das Meer hat hohe Wellen. Das Wort „Welle" fängt mit dem Buchstaben W an. Welche W-Wörter findest du noch auf den Bildern?

3 Im Urlaub gehen Peter und Linda mit ihren Eltern öfter zum Essen. Peter isst am liebsten Speisen, die mit P anfangen – genau wie sein Name. Welche beiden Lebensmittel haben ein P am Anfang?

4 Linda hat Buchstabensuppe bestellt. Einmal hat sie ihren Namen schon herausgefischt. Jetzt möchte sie die Buchstaben noch einmal suchen. Hilfst du Linda, damit ihre Suppe nicht kalt wird?

5 Familie Winter besucht einen Märchenpark. Dort steht sogar das Schloss von Dornröschen. Welcher Buchstabe sieht so ähnlich aus wie das Dornröschenschloss? Zeige darauf.
Weißt du, wie er heißt?

A Z H E

Was Ihr Kind dabei lernt

Viele Kinder sind weit vor Schulbeginn von Buchstaben fasziniert und können schon früh ihren Namen schreiben. Fördern Sie dieses Interesse – aber nur, wenn Ihr Kind will. Geben Sie ihm auf Wunsch passendes Übungsmaterial, ohne allerdings perfekte Leistungen und Ergebnisse zu erwarten.

ATLAS VERLAG
D6 668 64-08
Illustrationen: Jürgen Katzenberger/TextArt

Buchstabe G

G wie

Gisela ist eine Giraffe. Giraffen sind groß. Ihr Fell ist gelbbraun gefleckt. Zarte Blätter und grünes Gras sind ganz nach ihrem Geschmack. Die Blätter wachsen oben, das Gras gedeiht weit unten. Deshalb müssen Giraffen beim Fressen manchmal Gymnastik machen.

Betrachte den Text auf der Vorderseite. Zeige auf alle Wörter, die mit G beginnen.

1 Lass dir die folgenden Namen vorlesen. Klatsche jedes Mal in die Hände, wenn ein Name mit einem G beginnt:

Gabi, Sabine, Gerhard, Gundula, Alex, Günther, Georg, Peter, Gabriel, Luisa, Gerlinde, Gerda, Benno, Gustav, Gertraud, Gisela, David, Gerald, Gregor, Lukas, Greta

2 Finde heraus, welche Wörter mit G beginnen. Klatsche wieder bei jedem G in die Hände.

3 Findest du das G in der folgenden Reihe?

Und so schreibst du das G:

1 Beginne rechts oben, und ziehe einen Kreis. Du stoppst etwa auf Höhe seiner Mitte.

2 Setze etwa in der Kreismitte neu an und ziehe nach rechts eine waagrechte Linie, bis du auf das Ende der Kreislinie triffst.

3 Von dort aus ziehst du eine senkrechte Linie nach unten bis zum unteren Kreisende.

4 Lesen Sie Ihrem Kind die folgende Geschichte vor. Dabei soll es die Namen der Abbildungen selbst einsetzen. Achten Sie auf deutliche Aussprache.

Im Zoo von Gütersloh wohnt die  Gisela neben Gustav, dem großen . Gustav mag . „Igitt, Gemüse!", ruft Gerhard, der , und zeigt sein mächtiges 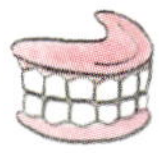. Sein Gebrüll dröhnt wie ein . „Eine  schmeckt besser als !", sagt Gustav. „Stimmt!", bestätigt Gisela. „ sind Gift für einen , eine  und einen !"

Was Ihr Kind dabei lernt

Die Fähigkeit, einen Laut als Anlaut wahrzunehmen und den Buchstaben im Schriftbild zu erkennen, ist der erste Schritt zum Lesenlernen. Beides kann Ihr Kind mit dieser Karte üben.

ATLAS VERLAG

D6 668 62-02
Illustrationen: Jürgen Katzenberger/TextArt

Lesen + Schreiben

für 1 Kind

mittelschwer

Buchstabe H

H wie

Heinrich, der Hase, sitzt im Haferfeld und spitzt die Ohren. Wenn der Habicht am Himmel auftaucht, duckt er sich auf den Boden und hält sich still. Vor dem Hund des Jägers saust Heinrich davon. Zum Glück können Hunde keine Haken schlagen!

Betrachte den Text auf der Vorderseite. Zeige auf alle Wörter, die mit H beginnen.

1 Lass dir folgende Namen vorlesen. Klatsche jedes Mal in die Hände, wenn ein Name mit einem H beginnt:

Heike, Helen, Lisa, Horst, Stefan, Helga, Hermine, Franziska, Hannah, Willi, Heinrich, Hans, Valentin, Henriette, Emma, Oliver, Hildegard, Holger, Simona, Herbert, Hannelore

2 Finde heraus, welche Wörter mit H beginnen. Klatsche wieder bei jedem H in die Hände.

3 Findest du das H in der folgenden Reihe?

I N H Π

Und so schreibst du das H:

1 Ziehe zunächst eine lange, gerade Linie von oben nach unten.

2 Male mit etwas Abstand rechts daneben eine zweite, ebenso lange Linie von oben nach unten.

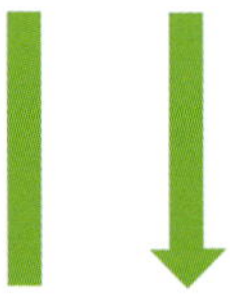

3 Verbinde beide Linien in der Mitte mit einem Querstrich.

4 Lesen Sie Ihrem Kind die Geschichte vor. Dabei soll es die Namen der Abbildungen selbst einsetzen. Achten Sie auf deutliche Aussprache.

Heinrich, der  , hat sich die Pfote verletzt. Ein Mann mit einem großen  findet ihn und nimmt ihn mit. Heinrich hat Angst. Das  klopft ihm bis zum 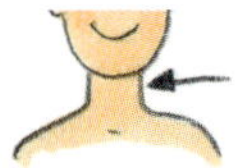 ! Der Mann trägt ihn zu seinem  . Auf seinem  sind Schafe. Der Mann ist  ! Er baut Heinrich ein Nest aus  und streichelt ihn mit seiner warmen 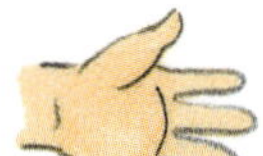 . Als Heinrich wieder gesund ist, lässt er ihn frei.

Was Ihr Kind dabei lernt

Ihr Kind lernt das H als Laut und als geschriebenen Buchstaben kennen. Lassen Sie es auf einem Blatt Papier mehrere H untereinander schreiben. Suchen Sie dann gemeinsam für jedes H ein Wort.

ATLAS VERLAG

D6 668 59-08
Illustrationen: Jürgen Katzenberger/TextArt

Lesen + Schreiben

für 1 Kind

mittelschwer

Buchstabe T

T wie

Theodor, der Tintenfisch, lebt in der Tiefe des Meeres. Ein Taucher kommt angeschwommen. Aber er entdeckt Theodor nicht. Tintenfische können zur Tarnung ihre Farbe wechseln. Und bei Gefahr spritzt Theodor dunkle Tinte ins Wasser und geht auf Tauchstation. Toller Trick!

Betrachte den Text auf der Vorderseite. Zeige auf alle Wörter, die mit T beginnen.

1 Lass dir die folgenden Namen vorlesen. Klatsche jedes Mal in die Hände, wenn ein Name mit einem T beginnt:

Tanja, Torsten, Kerstin, Thilo, Petra, Tamara, Theo, Fritz, Tatjana, Moritz, Tim, Tabea, Nina, Toni, Tassilo, Thomas, Bettina, Daniel, Tobias, Theresa, Tina, Maria, Till, Beate, Timo

2 Finde heraus, welche Wörter mit T beginnen. Klatsche wieder bei jedem T in die Hände.

3 Findest du das T in der folgenden Reihe?

Und so schreibst du das T:

1 Ziehe zunächst eine lange, gerade Linie von oben nach unten.

2 Setze dann einen Querstrich obendrauf.

4 Lesen Sie Ihrem Kind die folgende Geschichte vor. Dabei soll es die Namen der Abbildungen selbst einsetzen. Achten Sie auf deutliche Aussprache.

Theodor, der , spielt gern Fußball. Am liebsten steht er im 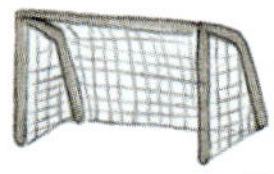. Das Tor ist eine rostige , das Spielfeld ein 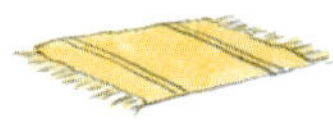 aus Algen. Der Schiedsrichter hat eine alte  als . Warum schafft Tassilo, der Tunfisch, keinen Treffer? Weil ein  acht Arme hat! Tassilo weint dicke . „Tröste dich“, sagt Theodor, „dann spielen wir eben !“

Was Ihr Kind dabei lernt

Ihr Kind lernt das T als Laut und als geschriebenen Buchstaben kennen. Beachten Sie, dass in der Schule der Buchstabe als „T“, nicht als „Te“ eingeführt wird.

ATLAS VERLAG
D6 668 60-01
Illustrationen: Jürgen Katzenberger/TextArt

Lesen + Schreiben

für 1 Kind

mittelschwer

Buchstabe A

A wie

Der Affe Anton wohnt im fernen Afrika. Jeden Abend bekommt Anton von seiner Mutter eine saftige Ananas. Aber Anton mag auch noch andere Dinge, die mit A beginnen. Willst du wissen, welche?

Ihr Kind soll bei der nachfolgenden Übung, die Sie laut vorlesen, den Buchstaben A heraushören. Vereinbaren Sie, dass es bei jedem A in die Hände klatscht.

Affe Anton hat großen Appetit.

Er fragt seine Freundin Anna

Amsel: „Hast du einen Apfel?“

Anna weiß, wo es einen Apfel gibt.

Beide gehen sie zum Apfelbaum.

Unterwegs müssen sie an der roten

Ampel warten. Endlich ist die

Ampel grün, und sie können über

die Straße gehen.

Und so schreibst du das A:

1 Zuerst einen leicht schrägen Strich von links unten nach rechts oben ziehen.

2 Dann ziehst du von der Spitze des ersten Striches einen zweiten nach rechts unten.

3 Nun verbindest du die beiden Striche mit einem kleinen Querstrich in der Mitte.

Lesen Sie den folgenden Text zusammen mit Ihrem Kind. Lassen Sie Ihr Kind die Bilder, hinter denen sich A-Wörter verstecken, erraten.

 Anton sitzt auf einem 

und schläft. Plötzlich hört er

die Stimme von Anna :

Erschrocken schaut er zu ihr

auf. Hat Anna wieder einmal

etwas ausgefressen? Ja, Anna

streitet sich mit den 

um ein Stück .

Was Ihr Kind dabei lernt

Suchen Sie zusammen mit Ihrem Kind weitere A-Worte. Lassen Sie es die Begriffe malen. Beim Vorlesen kann Ihr Kind ebenfalls nach A-Worten suchen. Natürlich können Sie, wenn das Anfangs-A sitzt, auch Worte verwenden, bei denen das A in der Wortmitte steht: zum Beispiel Hase, Nase, Vase. Besonders gut geeignet sind die Vornamen: Amelie, Anna, Anton, aber auch Johanna, Teresa, Maria, Marius, Manuel, Thomas. Lassen Sie Ihr Kind ruhig mit den Lauten spielen.

ATLAS VERLAG

D6 668 05-10
Illustrationen: Jürgen Katzenberger/TextArt

Lesen + Schreiben

für 1 Kind

mittelschwer

Buchstabe B

Zuerst ein Längsstrich als Rücken, dann ein runder Kopf und ein dicker Bauch – Bruno Bär zeigt dir, wie der Buchstabe B geschrieben wird. Bestimmt kennst du noch viele andere Worte, die mit B beginnen.

Während Sie Ihrem Kind den Text vorlesen, soll es immer, wenn ein B vorkommt, mit dem Finger auf den richtigen Buchstaben zeigen.

Die Biene Berta besucht jeden Tag ihren besten Freund, Bruno Bär. Der Weg zu seiner Bärenhöhle führt über eine bunte Blumenwiese, einen breiten Bach und einen hohen Berg. Bei Bruno Bär angekommen, begrüßt er sie mit einem freudigem Brummen.

Und so schreibst du das B:

1 Zuerst einen leicht schrägen Strich von oben nach unten ziehen.

2 Dann rechts einen kleinen Bogen bis zur Hälfte des Längsstriches ziehen.

3 Nun vom Ende des kleinen Bogens aus einen etwas größeren Bogen bis zum Ende des Striches machen.

Lesen Sie Ihrem Kind den Text vor. Ist ein Wort durch ein Bild ersetzt, zeigen Sie auf das Bild und lassen Ihr Kind den Begriff erraten.

Bruno  sitzt faul unter einem  – sein  knurrt vor Hunger. Brumm, brumm, da kommt seine Freundin, die  Berta. Sie ist den ganzen Tag emsig von  zu  geflogen, um Blütenstaub zu sammeln.

Was Ihr Kind dabei lernt

Bitten Sie Ihr Kind, weitere Worte zu nennen, die mit dem Buchstaben B beginnen, und lassen Sie es die Begriffe eventuell auf ein Blatt Papier malen. Bevor es den Buchstaben mit einem dicken Wachsmalstift schreibt, kann es ihn mit dem Finger in großen Bewegungen in die Luft zeichnen. Sehr gut geeignet für kleine Kinderhände sind übrigens so genannte Wachsmalbirnen.

ATLAS VERLAG

D6 668 401-07
Illustrationen: Jürgen Katzenberger/TextArt

Lesen + Schreiben
für 1 Kind
mittelschwer

Buchstabe E

E wie

Elena darf an ihrem Geburtstag in den Zoo. Besonders gespannt ist sie auf die Echsen, die Elefanten und die wilden Esel. Elena ist schon ganz aufgeregt. Willst du wissen, was sie im Zoo alles zu sehen bekommt?

Lesen Sie Ihrem Kind die folgende Geschichte vor. Lassen Sie es dabei die Bilder erraten. Achten Sie darauf, dass Sie alle Wörter, die mit E anfangen, möglichst betonen.

Elena geht zuerst zu den , die im Schlangenhaus leben. Ihre Eltern, Tante Elfriede und Onkel Ernst sind auch mitgekommen.

Sie wollen lieber zu den . Onkel Ernst entdeckt das kleine graue Eseljunge auf der Wiese als Erster. Dann geht's weiter zu den . Elena sieht sogar, wie die  gefüttert werden. Sie bekommen gesundes Obst. Nun hat auch Elena Hunger. Sie wünscht sich ein Eis mit .

Und so schreibst du das E:

1 Zuerst malst du einen geraden Strich von oben nach unten.

2 Zeichne nun an die obere Spitze einen Strich, der nach rechts zeigt. Pass auf, dass du ihn nicht zu lang zeichnest.

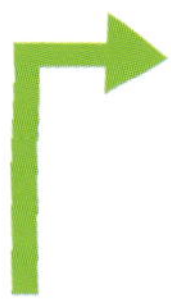

3 Zeichne jetzt einen genauso langen waagrechten Strich auch an die untere Spitze.

4 Jetzt musst du nur noch einen Strich in der Mitte malen: Fertig ist das E!

Wie oft kannst du den Buchstaben E finden? Zeige auf jedes E, das du hier siehst.

E F I E F
L E L F E

Was Ihr Kind dabei lernt

Regen Sie Ihr Kind dazu an, möglichst viele Dinge aus der Wohnung zu benennen, und dabei die Begriffe, die mit dem Laut E beginnen, durch Klopfen oder Klatschen hervorzuheben. Beim deutlichen Sprechen soll das Kind zunächst den Laut E nur am Anfang des Wortes, das heißt als Anlaut, später auch als Binnen- und Endlaut erkennen. Anschließend kann es die Dinge auf Papier malen und, wenn es will, ein E daneben schreiben.

ATLAS VERLAG

D6 668 11-08
Illustrationen: Jürgen Katzenberger/TextArt

Lesen + Schreiben

für 1 Kind

mittelschwer

Buchstabe F

F wie

Fridolin Fuchs schleicht durch feuchten Farn. Sein Fell wird nass, und um seine Nase schwirren freche Fliegen. Fridolin jagt einen fetten Fasan, doch der will sich nicht fressen lassen und flüchtet über den Fluss. Ob Fridolin ihn mit dem Floß einholt?

Betrachte den Text auf der Vorderseite. Zeige auf alle Wörter, die mit einem F beginnen.

1 Lass dir folgende Namen vorlesen. Klatsche jedes Mal in die Hände, wenn ein Name mit einem F beginnt:

Florian, Fritz, Karl, Flora, Berta, Ralf, Felix, Marion, Frank, Friedrich, Benni, Inge, Fred, Fabian, Maria, Laura, Falko, Frederike, Heiko, Franz, Nico, Franziska.

2 Finde heraus, welche Wörter mit F beginnen. Klatsche wieder bei jedem F in die Hände.

3 Findest du das richtig geschriebene F in der folgenden Reihe?

Und so schreibst du das F:

1 Ziehe zunächst eine lange, gerade Linie von oben nach unten.

2 Oben wird ein kürzerer waagrechter Strich nach rechts angesetzt.

3 Den gleichen kurzen waagrechten Strich ziehst du noch einmal in der Mitte der geraden Linie.

4 Lesen Sie Ihrem Kind die Geschichte vor. Dabei soll es die Namen der Abbildungen selbst einsetzen. Achten Sie auf eine deutliche Aussprache.

Fridolin, der schlaue  **, hat Geburtstag. Er feiert ein Fest am**  **. Dort möchte er ein**  **machen und**  **fangen. Aber seine Freunde, Frodo, der**  **, und Fiola, die**  **, mögen lieber**  **. Als alle gefressen haben, packt Fridolin seine Geschenke aus: Er hat eine schöne**  **und eine**  **bekommen. Fridolin freut sich sehr über diese tollen Geschenke.**

Was Ihr Kind dabei lernt

Es wird Ihrem Kind schwer fallen, die gesprochenen Buchstaben F und V zu unterscheiden. Dies lernt Ihr Kind erst später in der Schule. Dennoch können die Übungen und Hinweise auf das „Vogel-V" helfen, eine zunächst unterbewusste Unterscheidung zu treffen.

ATLAS VERLAG

D6 668 38-01
Illustrationen: Jürgen Katzenberger/TextArt

Lesen + Schreiben

für 1 Kind

mittelschwer

Buchstabe K

K wie

Karla Katze hat nur Unsinn im Kopf. Statt brav auf ihrem Kissen zu schlafen, schärft sie ihre Krallen am Küchentisch. Dann macht sie Jagd auf einen Käfer, der aus einer Kiste krabbelt. Dabei stößt sie an den Kaktus. Autsch, das tut weh!

Betrachte den Text auf der Vorderseite. Zeige auf alle Wörter, die mit einem K beginnen.

1 Lass dir folgende Namen vorlesen. Klatsche jedes Mal in die Hände, wenn ein Name mit einem K beginnt:

Konrad, Karl, Lisa, Katja, Frank, Konstantin, Peter, Karin, Miriam, Sebastian, Klaus, Karla, Jürgen, Mathias, Kerstin, Korbinian, Sandra, Korbinian, Ulrike, Inge, Karsten, Klara.

2 Finde heraus, welche Wörter mit K beginnen. Klatsche wieder bei jedem K in die Hände.

3 Findest du das K in der folgenden Reihe?

Und so schreibst du das K:

1 Ziehe zuerst einen langen Strich von oben nach unten.

2 In der Mitte des langen Strichs wird ein kurzer Strich schräg nach oben angesetzt.

3 Und zuletzt malst du wieder von der Mitte des langen Striches aus einen kurzen schrägen Strich nach unten.

4 Lesen Sie Ihrem Kind die Geschichte vor. Dabei soll es die Namen der Abbildungen selbst einsetzen. Achten Sie auf eine deutliche Aussprache.

Karla, die  schleicht durch's Haus. Im Flur steht ein . Neugierig schlüpft Karla hinein. Im Koffer ist ein , das fühlt sich schön weich an. An dem Kleid fehlt ein . Neben dem Kleid liegt eine . Mit der lässt sich toll spielen, fast wie mit einer Schlange. Plötzlich pikst Karla etwas in die Nase. Das war ein . Karla denkt an den  und läuft schnell davon.

Was Ihr Kind dabei lernt

Durch häufige Wiederholungen lernt Ihr Kind den neuen Laut K und die bildliche Darstellung eines neuen Buchstabens kennen. Die Übungen fördern die Denkfähigkeit Ihres Kindes und das visuelle Erkennen.

ATLAS VERLAG

D6 668 45-03
Illustrationen: Jürgen Katzenberger/TextArt

Lesen + Schreiben

für 1 Kind

mittelschwer

Buchstabe M

M wie

Mimi Maus möchte morgen mit ihrem Mäusemann Marco Freunde zum Mittagessen einladen. Maulwurf und Marienkäfer sind mit dabei. Möchtest du sie kennen lernen?

Während Sie Ihrem Kind den Text vorlesen, soll es genau zuhören. Immer wenn es ein M hört, klatscht es in die Hände.

Die Maus Mimi und ihr Mäusemann Marco feiern mit der Familie Maulwurf. Sie essen leckeren Marmorkuchen und spielen mit Murmeln im weichen Moos. Auch der Marienkäfer spielt mit. Ab und an ruht er sich auf einer Margerite aus. Das Fest dauert bis Mitternacht.

Und so schreibst du das M:

1 Beginne von links unten, und ziehe einen geraden Strich nach oben.

2 Oben machst du zwei spitze Berggipfel, die beide gleich hoch sind.

3 Von der zweiten Gipfelspitze aus machst du wieder einen senkrechten Strich nach unten.

Lesen Sie den folgenden Text zusammen mit Ihrem Kind. Hinter den Bildern sind M-Wörter versteckt. Lassen Sie Ihr Kind die Begriffe raten.

Mimi wohnt neben einer alten  . Der  mahlt hier  zu  . Nachts, wenn der  scheint, klettert Mimi über die 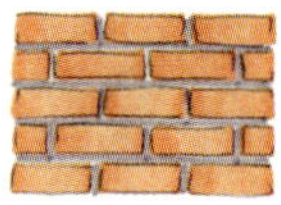 und sammelt  für's Mittagessen.

Dazu gibt's ein Glas  .

Was Ihr Kind dabei lernt

Suchen Sie zusammen mit Ihrem Kind weitere M-Worte. Vielleicht gibt es ja Freunde oder Verwandte, deren Namen mit M beginnen? Lassen Sie es den Buchstaben malen – zuerst mit dem Finger in die Luft, dann mit dicken Stiften auf Papier. Wenn das Anfangs-M sitzt, können Sie Worte suchen, bei denen das M in der Wortmitte steht: zum Beispiel Hammer, Ampel oder Tomate.

ATLAS VERLAG

D6 668 08-08
Illustrationen: Jürgen Katzenberger/TextArt

Lesen + Schreiben

für 1 Kind

mittelschwer

Buchstabe N

N wie

Erkennst du, woher das Nashorn seinen Namen hat? Natürlich! Es heißt Nashorn, weil es auf der Nase ein Horn hat. Nashörner leben zum Beispiel in Namibia – einem Land in Afrika. Auch im Zoo kannst du Nashörner bestaunen.

Betrachte den Text auf der Vorderseite. Zeige auf alle Wörter, die mit dem Buchstaben N beginnen.

1 Lass dir die folgenden Namen vorlesen. Klatsche jedes Mal in die Hände, wenn ein Name mit einem N beginnt.

Nina, Norbert, Isabelle, Nico, Natalie, Nora, Stefan, Nelli, Peter, Niels, Nadine, Nadja, Beate, Natascha

2 Finde heraus, welche Wörter mit N beginnen. Klatsche wieder bei jedem N in die Hände.

3 Findest du das richtig geschriebene N in der folgenden Reihe?

И H N Z

Und so schreibst du das N:

1 Ziehe zunächst eine lange gerade Linie von unten nach oben.

2 Vom oberen Ende der Linie aus führst du einen langen schrägen Strich nach rechts unten.

2 Vom unteren Ende des Striches aus ziehst du wieder eine lange gerade Linie nach oben.

4 Lesen Sie Ihrem Kind die Geschichte vor. Dabei soll es die Namen der Abbildungen selbst einsetzen. Achten Sie auf eine deutliche Aussprache.

Das  **Norbert steckt seine**  **überall hinein. Den Vogel fragt es: „Warum hast du ein**  **?“ Das Eichhörnchen: „Was machst du mit der**  **?“ Die Spinne: „Wozu brauchst das** 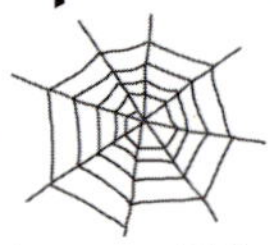 **?“ Und den Zoowärter: „Was machst du mit dem**  **?“ Der sagt: „Ich baue ein neues**  **-gehege. Du bekommst einen Freund, damit du dich nicht mehr langweilst.“**

Was Ihr Kind dabei lernt

Wenn Ihr Kind das Schriftbild übt, soll es den Buchstaben möglichst ohne Absetzen schreiben. Achten Sie darauf, dass sich die Hand nicht verkrampft. Wichtig: kurze Übungssequenzen und eingestreute Lockerungsübungen.

ATLAS VERLAG

D6 668 52-04
Illustrationen: Jürgen Katzenberger/TextArt

Lesen + Schreiben

für 1 Kind

mittelschwer

Buchstabe O

O wie

Das ist Ottfried, der Otter. Er wohnt mit seiner Familie unten am Bach. Otter sind gesellige Tiere. Zu Ostern kommt die ganze Familie zusammen und feiert ein tolles Fest.

Lesen Sie Ihrem Kind den folgenden Text langsam vor. Immer wenn es den Buchstaben O hört, soll es in die Hände klatschen und das Wort wiederholen.

Familie Otter ist bei den Festvorbereitungen. Ottfried hat zwei Onkel und eine Tante, auf die er sich besonders freut. Der lustige Onkel Otto ist Ohrenarzt in Olching, Onkel Ottmar ist Oberbürgermeister in Oberhausen, und Tante Ottilie ist Opernsängerin; sie fährt häufig mit dem Schiff über den Ozean nach Amerika.

Diese Geschichte können Sie mit Ihrem Kind zusammen lesen, es soll die Bilderbegriffe raten:

Familie  **isst gerne**  **.**

Darum gibt es zum Familienfest Bananen, Äpfel und  **.**

Da kommt der  **.**

Onkel Otto steigt aus:

Er hat ganz rote 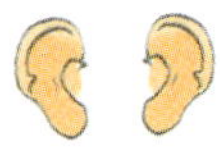 **.**

Schnell an den warmen  **.**

Ob er dem  **begegnet ist?**

Und so schreibst du das O:

1 Das O wird wie ein runder Kreis geschrieben. Du fängst oben in der Mitte an ...

2 ... fährst links herum nach unten ...

3 ... und nun wieder hoch zur Mitte. Fertig ist das O.

Was Ihr Kind dabei lernt

Nun weiß Ihr Kind, wie das O aussieht, und kann auf die Suche nach neuen O-Wörtern gehen. Gleichzeitig wird das Stillsitzen trainiert. Ihr Kind muss sich auf den Buchstaben konzentrieren. Eine gute Übung für die Stiftkontrolle beim Schreiben des O ist das Abpausen des Buchstabens mit Hilfe von Pauspapier und einem weichen Stift.

D6 668 22-10
Illustrationen: Jürgen Katzenberger/TextArt

Lesen + Schreiben

für 1 Kind

mittelschwer

Der laut Sch

Sch wie

Schlangen sind normalerweise scheue Tiere. Nicht so Schuschu. Sie kam mit einem Schiff aus dem Schlaraffenland, liebt glitzernden Schmuck und würde am liebsten mit all ihren Freunden in einem prächtigen Schloss wohnen.

Betrachte den Text auf der Vorderseite. Zeige auf alle Worte, in denen ein Sch vorkommt.

1 Erkennst du das Sch? Achte auf die richtige Reihenfolge der Buchstaben!

sch | hcs | sh | sch | ch | hh
chs | scs | sch | ss | sch | cc

2 Finde heraus, welche Wörter mit Sch beginnen:

Und so schreibst du das Sch:

1 Zuerst malst du das S wie eine Schlangenlinie von rechts oben nach links unten.

2 Zeichne nun das c daneben als einen halben Kreisbogen. Er soll oben rechts beginnen und unten rechts enden.

3 Setze jetzt den dritten Buchstaben, das h, daneben. Es besteht aus einem Strich, der von oben nach unten gezogen wird. Dann wird auf der Hälfte des Striches ein Bogen nach unten angesetzt.

3 So lange wie eine Schlange sind auch die Buchstabenfolgen, die zu diesem Laut gehören. Ja, es sind drei einzelne Buchstaben, das S, das c und das h. Wichtig ist dabei die richtige Reihenfolge. Lesen Sie Ihrem Kind die Geschichte vor. Lassen Sie es dabei die Bilder lesen. Achten Sie darauf, dass Sie alle Wörter, die mit Sch anfangen, möglichst deutlich vorlesen.

Die  Schuschu sucht einen Freund. Aber die  ist ihr zu schleimig, das  zu schüchtern, und der  schwebt zu hoch oben. Und das  ? Weil es den Schlamm liebt, ist es so schmutzig! Ob da wohl ein Schaumbad hilft?

Was Ihr Kind dabei lernt

Ihr Kind lernt einen Laut kennen, der aus einer Buchstabenverbindung besteht, die nicht leicht zu merken ist. Achten Sie darauf, dass es den Laut im Gegensatz zum S immer deutlich ausspricht.

ATLAS VERLAG
D6 668 31-10
Illustrationen: Jürgen Katzenberger/TextArt

Lesen + Schreiben

für 1 Kind

mittelschwer

Buchstabe R

R wie

Der Rabe Rollo liebt den Regen. Dann ringeln sich viele Regenwürmer auf dem Rasen. Rasch hat er sie aufgepickt. Aber das reicht ihm nicht.

Heute lernst du das R kennen. Der kluge Rabe Rollo stellt es vor.

1 Wie oft kannst du den Buchstaben R im Folgenden finden? Deute auf jedes R, das du hier siehst. Manche Menschen können das R besonders schön rollen. Probiere es auch einmal aus.

R B K R A R D R

2 Finde heraus, welche Wörter mit R beginnen.

Und so schreibst du das R:

1 Zuerst malst du einen geraden Strich von oben nach unten.

2 Zeichne nun auf die rechte Seite des Striches einen halben Bogen. Er soll oben beginnen und an der Mitte des Striches enden.

3 Jetzt musst du nur noch einen schrägen Strich nach rechts unten malen. Fertig ist das R.

Lesen Sie Ihrem Kind die Geschichte vor. Lassen Sie es die Bilder erraten. Achten Sie darauf, dass Sie alle Wörter, die mit R beginnen, möglichst deutlich vorlesen.

Als der  **vorbei ist, erscheint ein**  **am Himmel. Da hat der**  **Rollo eine Idee: Wie gerne würde er vom**  **rutschen oder mit einer** 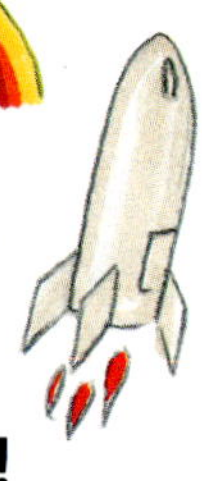 **in den Weltraum fliegen! Für seine Freundin, das** **, ist das ein Rätsel: Was will er bloß so hoch oben?**

Was Ihr Kind dabei lernt

Der Buchstabe R ist für Kinder nicht leicht zu erkennen und auszusprechen. Regen Sie es dazu an, viele Wörter zu finden, die mit R beginnen. Vor allem Tätigkeiten, wie Rudern, Rutschen, Rieseln, etc. sind hier geeignet.

ATLAS VERLAG

D6 668 28-05
Illustrationen: Jürgen Katzenberger/TextArt

Lesen + Schreiben

für 1 Kind

mittelschwer

Buchstabe L

Leo Löwe lebt in Afrika. Er gähnt vor Langeweile, weil seine Freundin Lena, eine hübsche Leopardendame, nicht mit ihm spielen will. Lena tollt lieber mit Ludwig, dem Lamm, herum. Doch Ludwig hat Angst vor Lena. Kannst du dir denken, warum?

Betrachte den Text auf der Vorderseite. Zeige auf alle Wörter, in denen ein L vorkommt.

1 Lass dir folgende Namen vorlesen. Klatsche jedes Mal in die Hände, wenn ein Name mit einem L beginnt:

Lisa, Leo, Irma, Anna, Ludwig, Lorenz, Friedrich, Lothar, Lissy, Maria, Eva, Lukas, Luna, Ingo, Lotte, Laurentius, Kilian, Luisa, Ilse, Lilly, Liane, Lena, Otto, Larissa, Lara

2 Finde heraus, welche Wörter mit L beginnen. Klatsche wieder bei jedem L in die Hände.

3 Findest du das L in der folgenden Reihe?

Und so schreibst du das L:

1 Ziehe zunächst eine lange, gerade Linie von oben nach unten.

2 Dann wird unten ein kürzerer, waagrechter Strich nach rechts angesetzt.

4 Lesen Sie Ihrem Kind die Geschichte vor. Dabei soll es die Namen der Abbildungen selbst einsetzen. Achten Sie auf eine deutliche Aussprache.

Leo  liebt . Doch die ist süß, und jetzt hat Leo ein 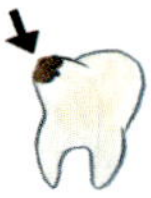 im Zahn. Das tut höllisch weh. Die  fliegt zum Zahnarzt. Der setzt sich hinter das  seines  und kommt Leo zu Hilfe. Gut, dass er eine  dabei hat, denn Leo hat sich auf einem Baum im dichten  verkrochen. Seine Freundin Lena, die , freut sich, dass Leo nun bald wieder gesund ist.

Was Ihr Kind dabei lernt

Ihr Kind lernt das L als Laut und als geschriebenen Buchstaben kennen. Thematisieren Sie die besondere Stellung der Zunge beim Aussprechen des Buchstaben L, etwa beim Singen eines Liedes mit den Silben „La-", „Lu-" oder „Li-".

ATLAS VERLAG

D6 668 34-10
Illustrationen: Jürgen Katzenberger/TextArt

Lesen + Schreiben

für 1 Kind

mittelschwer

Zorro und das Z

Hier war der schwarze Zorro unterwegs und hat mit seinem Degen eine Spur von Z hinterlassen. Ob es dir wohl gelingt, alle seine geheimen, gut versteckten Zeichen aufzuspüren?

1 Betrachte das Bild mit Zorros Spuren. Erzähle, wo Zorro überall gewesen ist, wen er getroffen hat und was er dabei erlebt hat.

2 Schnell wie ein Blitz saust Zorro durch das Land. Damit ihm niemand auf die Spur kommt, läuft er am liebsten in Zickzacklinien. Fahre die Spuren nach, indem du sie mit dem Finger verbindest.

3 Die Tanne ist Zorros Lieblingsbaum. Ahnst du, warum? Fahre die Linien mit dem Finger nach.

Bruno Bär weiß mehr!

Kleinere Kinder fahren die Linien am besten mit dem Finger nach, während die größeren sie auf einem Blatt Papier mit einem Stift malen.

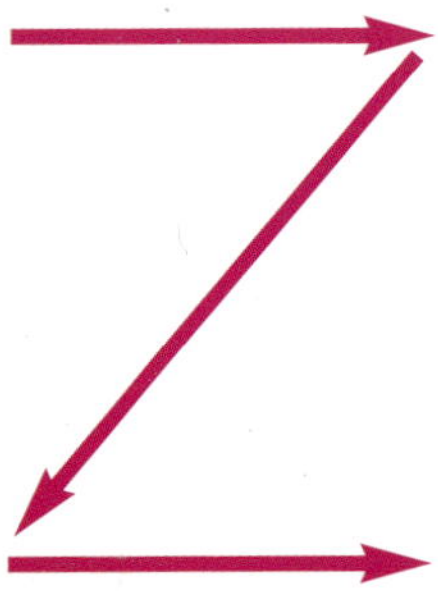

4 Jetzt kannst auch du Zorros Lieblingsbuchstaben schreiben. Probiere es aus, indem du die Linien mit dem Finger nachfährst.

Was Ihr Kind dabei lernt

Als Vorübung für das Schreiben erlernt Ihr Kind hier unter anderem, Linien in einer bestimmten Richtung zu verbinden. Es wird neben der Beobachtungsgabe auch die feinmotorische Strichführung geübt.

ATLAS VERLAG

D6 668 05-08
Illustrationen: Jürgen Katzenberger/TextArt